工业定制

工业4.0时代的生产与营销变革

INDUSTRIAL CUSTOMIZATION

刘晓东◎著

中国经济出版社
CHINA ECONOMIC PUBLISHING HOUSE
·北京·

图书在版编目（CIP）数据

工业定制——工业 4.0 时代的生产与营销变革/刘晓东著.

北京：中国经济出版社，2018.1

ISBN 978 - 7 - 5136 - 5010 - 6

Ⅰ.①工… Ⅱ.①刘… Ⅲ.①制造工业—研究—中国 Ⅳ.①F426.4

中国版本图书馆 CIP 数据核字（2017）第 299426 号

责任编辑　牛慧珍

责任印制　马小宾

封面设计　任燕飞

出版发行　中国经济出版社

印 刷 者　北京柏力行彩印有限公司

经 销 者　各地新华书店

开　　本　710mm × 1000mm　1/16

印　　张　15.25

字　　数　160 千字

版　　次　2018 年 1 月第 1 版

印　　次　2018 年 1 月第 1 次

定　　价　42.00 元

广告经营许可证　京西工商广字第 8179 号

中国经济出版社 **网址** www.economyph.com **社址** 北京市西城区百万庄北街 3 号 **邮编** 100037

本版图书如存在印装质量问题，请与本社发行中心联系调换（联系电话：010 - 68330607）

推荐序

PREFACE

“工业4.0”的概念在2013年悄然进入中国，随着工信部于2015年把智能制造作为未来很长一段时间的工作重点，工业4.0更是受到社会各界的广泛关注。工业4.0所描绘的未来场景中，灵活、个性化定制是其要实现的工厂能力的核心，这对于正处于转型升级关键时期的中国制造业具有重要意义。

实现大规模定制生产，需要采用动态配置的生产方式。从生产效率来看，这种生产方式可以视为一个“GPS定位系统”，如果生产中的某个环节出现瓶颈，则及时调度其他环节的生产资源，继续进行生产。在这种动态配置的生产方式下，可以发挥出综合管理功能，进行动态管理设计及动态生产流程设计，既保证了生产设备的运转效率，又可以使生产种类实现多样化，从而降低运营成本，缩短生产周期。从客户角度来说，这种生产方式能够实现为每个客户、每个产品进行不同的设计，从而最大限度地满足客户的需求及促进生产的研发。当然，在这个过程中，深化“两化融合”，发挥工业物联网的作用，充分利用“大数据+工匠精神”，积极进行金融创新，实施定制化营销，都是制造企业必须面对的课题。

工业定制，是工业4.0时代的必然抉择。当前，以智能制造实现个性化定制生产的制造模式正在逐步普及。《中国制造2025》和《国务院关于积极推进“互联网+”行动的指导意见》，更被寄予了对于中国传统产业转型升级的厚望。一个生产个性化、定制化，带给大众“个性”生活的新时代即将到来。我们期待这种变革，并关注这种变革对生产和生活方式的可能改变。

是为序！

中国社科院财经战略研究院副院长、研究员　夏杰长

2017年10月于北京

前言
PREFACE

工业4.0时代，你的制造公司实现个性化定制了吗？

虽然制造业的老板还想像以前一样大批量生产某一种单一产品，因为这样不论是订单、物料、生产、技能、设备、工艺、人员等方面都是最省事的，但是再也退不回那个时代了。随着“工业4.0”的概念受到社会各界的广泛热议，被誉为“中国版工业4.0规划”的《中国制造2025》规划顶层设计的完成，作为制造公司老板的你，只有将个性化定制作为工厂能力的核心，才能跟上这个时代的脚步。

事实上，工业个性化定制的趋势并非因为工业4.0而来，而是早已出现。随着网络化的进一步加速，全球的商业环境都在发生着改变，世界上不管是新一代的人群还是老一代的人群，都开始希望有更多个性化主张的存在，都愿意表达自己个性化的观点，且更加关注自己个性化的需求。像微信、微博等自媒体形式能让更多的人彰显自己的个性，而他们对于实物产品的个性化需求趋势也在不断增强。虽然个性化定制不可能做到让所有的产品都完全个性化，但是个性化定制和小批量多品种的趋势已经无法阻挡。

对未来这样的趋势，克里斯·安德森在《长尾理论》中详细阐释了长尾的精华所在，并指出商业和文化的未来不在传统“需求曲线”上“畅销商品”的头部，而在能够代表“冷门商品”的、经常被人遗忘的那条长尾上。在以物理为基础的“短头”经济中，20%的热门产品能够带来80%的收入，且能够带来100%的利润。而在以知识为基础的“长尾”经济中，20%的热门产品将集中为10%的热门产品，并进一步分化为2%的大热门产品和8%的次热门产品。其中：2%的大热门产品，能够带来50%的收入和33%的利润；而8%的次热门产品，能够带来25%的收入和33%的利润。剩下的90%长尾产品，能够带来25%的收入和33%的利润。从利润上看，小批量多品种和个性化定制的力量不容小觑。

小批量多品种以及个性化定制已经在影响和改变着供应链设计、工厂设计以及生产线的设计。在这方面，最具代表性的自然就是汽车行业了。现如今，汽车整车厂的总装线可以做到多种车型的按订单生产、混合生产了，且每辆下线的车都是不同的，同时又不损失生产的节拍和效率。

以宝马汽车公司沈阳铁西的工厂为例，该工厂可以同时生产BMWX1和BMW3系的很多不同的型号。在BMW的生产线上，虽然生产的车型和型号不同，但所有承载车身的工装是一致的。简单地说，就是所有不同的车型和型号都可以通过同一条生产线来生产。由此，我们可以了解到——实现小批量多品种，甚至个性化定制的高效混合生产的前提就是标准化。即必须保证关键尺寸的标准化，才有可能做到同一生产线不需要切换就可以混合生产。平台化和模块化更是为这样的生产模式提供了可能，如BMWX1和BMW3是同一个平台，所以它们不仅可以共用一条生产线，而且还可以共同使用装配时的大部分模块。这样一来，既可以通过模块的选择搭配，来生产满足不同用户需求的差异化的汽车，又可以让模块的数量大大地减少。

此外，在订单和生产流程的设计上也会有所不同。

汽车行业是JIT（准时生产）做得最好的行业，它的追求目标就是——按需生产，物料按需供应，零库存。如果说为了满足个性化或者小批量多品种的生产，只有在生产计划下达后才按照生产计划去仓库准备物料，这显然是仓促的，甚至是来不及的。因此，为了真正实现个性化定制，每一辆车的物料必须是一对一的，且是在生产计划下达之前就准备好的。而当计划开始实施时，就需要准备该车所需要的所有物料（模块），并按照该订单的配置一对一地把所有的物料关联在一起。换句话说，就是当这些物料还都分散在生产线上、仓库里、供应商手里的时候就已经被关联在一辆车上了。

而当我们看到在进行白车身的生产的时候，其已经在生产底盘系统、动力系统和内饰系统了。这一切，都是经过生产信息化系统精确计算和跟踪的，以确保送来的所有物料（模块）是严格按照订单的配置准备的。当然，这其中不仅是物流的型号，就连送达的时间也必须精确保证，以确保每辆车顺利生产，且不耽误1秒钟。

为了实现一套个性化定制的流程，需要在产品的设计、物料供应的设计、生产流程的设计以及生产线的设计上都有着严格的、精密的系统性规划。如订单与车身、物料之间精确的匹配，不仅要保证供应的顺序，还要保证时间的精确度。而这个过程复杂又烦琐，需要不同的车间、不同的部门以及与供应商之间的有效协同。

实际上，不仅汽车行业能做到这样，其他行业也在做着积极的探索。面对个性化定制和小批量多品种的订单需求，一些行业已经找到了解决方案。既然我们无法阻止个性化定制和小批量多品种时代的来临，那么我们就应该去拥抱它。

为了能让制造企业的老板走出“迷雾”，积极应对工业4.0时代的大规模个性化定制，本书介绍了国内外大规模个性化定制模式，揭示了生产制造变革升级的基本原理和必然趋势，强调了信息技术对中国制造转向中国创造的核心作用，并分析了工业物联网、大数据、金融创新及定制化营销在制造企业的应用。此外，本书不仅为制造企业老板指明了方向，还总结和提供了成功者的方法和经验。

目录

CONTENTS

第一章　工业定制：大规模个性化定制模式

“工业4.0”的核心是实现大规模的个性化定制，世界各国都做出了多方位、多角度的探索，而中国版的工业4.0“中国制造2025”将引领中国制造企业实现定制化、智能化和服务化的转型升级。

第二章　制造升级：生产制造模式的变革

企业要实现制造升级，需要找到传统生产方式的弊端及实施定制化生产面临的问题，明白制造业个性定制化商业模式的基本原理，把握科技创新这一转型升级的根本，然后制定出适合自己的新的生产制造模式。

“两化融合”是信息化和工业化高层次的深度结合，其核心就是信息化支撑，追求可持续发展的模式。事实上，新一代信息技术正在工业定制化方面发挥着不可估量的创新作用，向我们展现了其应用价值和应用路径。

第四章　工业物联网：制造业定制化、智能化的神经系统

物联网信息技术可以运用到制造企业生产实践中的许多方面，如供应链管理、生产管理、设备监控管理、环保监测、安全生产管理。这些应用将有助于制造企业的定制化生产，实现制造升级。

第五章　“大数据＋工匠精神”：制造业内部优化升级的机遇

大数据和工匠精神的结合对于制造业的转型升级至关重要。大数据和工匠精神互为表里，彼此助力。驱动大数据发展的是人类不断改进数据生产、存储与处理方式，追求从更高层次上认识数据和运用数据的工匠精神；而工匠精神则需借力各种技术手段升华技艺，来达成目的。

第六章　金融创新：新型资本为工业定制化插上翅膀

制造企业要敢于和善于运用金融工具，通过金融创新来支持制造企业定制化。此外，还应充分发挥金融创新的推动作用，诸如多元化金融创新、互联网金融创新和建立共享金融平台等。

第七章　定制化营销：新经济环境下的营销4.0

定制化营销是工业4.0时代的营销思路。定制化营销追求个性化定制，注重提升产品和服务质量，强调创新提供优质服务，关注售后服务细节，体现出了"以人为本"的商业宗旨。

第八章　他山之石：工业 4.0 时代工业定制的成功案例

在工业 4.0 的风潮下，一些制造企业大胆实践，展示了中国制造业升级的风采。本章介绍了沈阳机床、海尔、长虹、思贝克的成功实践，以供其他制造企业学习和借鉴。

第一章
工业定制：大规模个性化定制模式

“工业4.0”的核心是实现大规模的个性化定制，世界各国都做出了多方位、多角度的探索，而中国版的工业4.0“中国制造2025”将引领中国制造企业实现定制化、智能化和服务化的转型升级。

何谓大规模个性化定制

随着现代化科学技术的迅猛发展，用户需求日渐多样化、个性化以及竞争的日趋激烈等多方面因素，使得传统的大规模生产方式不再适合快速多变的市场需要。在新的市场环境中，企业迫切需要一种新的生产模式，如大规模定制生产方式。

◎ 什么是大规模定制

所谓大规模定制，简单来说，是运用现代化的信息技术、新材料技术和柔性制造技术等一系列技术，将产品定制生产转化为批量生产的生产方式。在很长的一段时间里，制造型企业都在追求以低成本、高质量和效率的生产方式，为用户提供定制产品和服务。

最早提出大规模定制概念的是美国未来学家阿尔文·托夫，他于 1970 年在 *Future Shock* 一书中提出了全新的生产方式的设想：以类似于标准化和大规模生产的成本和时间，为客户提供特定需求的产品和服务。1987年，斯坦·戴维斯在*Future Perfect*中首次将这种生产方式称为“Mass Customization”（简称MC），即大规模定制。1993年B. 约瑟夫·派恩在《大规模定制：企业竞争的新前沿》一书中写道：“大规模定制的核心是产品品种的多样化和定制化急剧增加，而不相应增加成本；范畴是个性化定制产品的大规模生产；其最大优点是提供战略优势和经济价值。”

难道批量采购就无法满足个性化定制了吗？不一定。著名学者、教授祈国宁认为，大规模定制是将企业、客户、供应商、员工和环境集于一体，在系统思想指导下，用整体优化的观点，充分利用企业已有的资源，在标准技术、现代设计方法、信息技术和先进制造技术的支持下，根据客户的个性化需求，以大批量生产的低成本、高质量和效率提供定制产品和服务的生产方式。大规模定制的基本思路是基于产品族零部件、产品结构的相似性和通用性，利用标准化、模块化等方法，降低产品的内部多样性，从而增加顾客可感知的外部多样性。此外，可通过产品和过程重组将产品定制生产转化为零部件的批量生产，或部分转化为零部件的批量生产，以达到向顾客提供低成本、高质量的定制产品的目的。

大规模定制生产方式包括时间的竞争、精益生产和微观销售等管理思想的精华。其方法模式得到了现代生产、管理、组织、信息和营销等技术平台的支持，因而就有超过以往生产模式的优势，并在很大程度上适应网络经济和经济技术国际一体化的竞争局面。

◎ 采取大规模定制的原因

当前的企业应该采取大规模定制的原因是来自多方面的。但总的来说，采取大规模定制是为了适应多变而又多样化的市场。

在新的条件下，市场概念也有了新的定义——为了满足客户当前时间、当前环境下独特需求的客户和供应商的集合。可见，现在客户对市场的影响越来越大。再加上市场是多变的、多样化的，往往很难被预测，于是客户的需求就显得尤为重要了。

随着经济的快速发展和市场的日益饱和，客户对产品的特殊功能，以及个性化的需求也在日益增长。客户不再仅满足于价格便宜且单调的产品，而是要求多样化、定制化同时价格便宜的产品。

为此，企业必须对技术进行不断的更新和创造，以满足市场多变的需求。否则，残酷的市场竞争很快会将其淘汰。因此，企业采用大规模定制，是必然的。其不仅能够让企业快速开发并生产出多样的、定制的、便宜的产品，还能让产品快速转型，较好地适应残酷的市场竞争。

◎ 大规模定制企业的核心能力

大规模定制企业的核心能力表现在能够以低成本、高效率的方式，为客户提供充分的商品空间，从而最终满足客户的个性化需求上。

在满足客户个性化需求上，传统企业可以做得到，但其传统的定制生产模式能力有限，只能生产有限的产品，无法满足客户的个性化需求，这导致传统企业不可避免地出现产品品类有限、生产周期长、成品成本高等一系列问题。

而大规模的个性化定制，其倡导的生产方式为顾客低成本、高效率地提供了大量的商品，同时又满足了客户日益扩大的多样化和个性化的需求。

德国、日本、美国的工业定制实践

“工业 4.0”最早是由德国提出的，其核心是实现大规模的个性化定制。目前，已经有几个工业大国开始进行实施，通过信息技术与工业相融合的方式，提升工业水平的国家产业战略，且正在影响着今后的全球工业产业布局。现在，我们来看德国、日本和美国的工业定制实践。

◎ 德国的个性化定制和智能生产

德国政府提出的“工业 4.0”，主要是基于物联网和信息技术的智能制造，以适应小批量个性化的生产需求，并巩固“德国制造”的声誉和优势。

“智能工厂”被称为德国“工业 4.0”实现智能制造的关键。在 2016 年的汉诺威工业博览会上，汉诺威大学研发人员推出一条智能化的圆珠笔生产线，体现了德国“工业 4.0”的重要理念。

这条生产线分为以下六个环节：

第一个环节是个性化定制。在电脑上填写客户姓名和电子邮箱，即可进行个人定制，且共有五个变量或选项，如笔头、笔身、笔帽、笔芯和签名。

笔头的选项有三种，分别是凸、凹、平；笔身能在一个指定范围的连续变量内，靠屏幕上的一个虚拟滑轮，通过左右滑动来控制具体参数；笔帽、笔芯分别有三种颜色可选：红、蓝、黑；签名可长达20个左右字符，内容由客户决定。定制结束后，电脑会打印出一个二维码，这个二维码包含所有的定制信息。此外，后续环节都专设二维码读取器。

第二个环节是生成订单。这一环节相对来说比较简单，由二维码读取器扫描二维码，定制信息，即输入整个生产线。随即，将二维码贴到一个托盘的标定位置，托盘中有一块专门设计的海绵垫，可摆放笔头、笔身、笔芯和笔帽。

第三个环节是生产笔身。扫描二维码后，精密车床就会根据定制的信息，对不锈钢笔身毛坯进行加工：先将毛坯整体切削至定制粗细，再根据定制的信息在笔身握笔处刨出弧线，然后打孔、扩孔、攻丝，车床舱内几个切割头和钻头来回自动切换，最后切割。这样，一个明亮精致的不锈钢定制笔身就完成了。

第四个环节是组装。组装台上方摆放着很多排的方格，方格里依次摆放着各种笔头、笔帽和笔芯零配件。扫取二维码后，对应定制零配件的方格就会被不同颜色的射灯照亮。接着，体验者取出定制配件摆放到托盘海绵垫上，然后按显示屏提示顺次组装，直到一支完整的圆珠笔完成。

第五个环节是激光刻字。扫取二维码，将圆珠笔放入激光雕刻机内。不到1分钟的时间，自选的文字或图案，就会被镌刻在不锈钢的笔身上。

第六个环节是检测验收。先把托盘放在标定位置并读取二维码，这时会有一只机械手伸过来自动抓取圆珠笔，随后将其放入另一侧的质量检测仪中。当确认产品质量符合定制信息且合格后，检测仪屏幕上即显示“祝贺”字样。这样，一支个性化定制的圆珠笔就能出厂交货了。

对此，汉诺威大学研发人员说，虽然生产线很简单，但却能体现出工业4.0的重要理念——个性化定制和智能生产。尽管客户的定制需求各不相同，但全部都能在一条生产线上完成，不需额外增加生产线或设备。这种在生产过程中所具有的高度灵活性和机动性，就是“智能化”的体现。

◎ 日本：从“精益化”到“智能化”

日本工业4.0的一大特色，就是对人工智能产业的探索，以解决劳动力断层并支持未来的工业智能化。工业界的三菱电机、富士通、日产汽车和松下等日本电子、信息、机械和汽车行业的主要企业等组建了名为“产业价值链主导权”的联盟，共同探讨工厂互联的技术标准化，并争取使其成为国际标准。

以日本本田汽车公司为例，其通过采取机器人、无人搬运机和无人工厂等先进技术和产品，以及采用新技术减少喷漆次数和减少热处理工序等措施，通过改变车身结构设计把焊接生产线由18道工序减少为9道，并将生产线缩短了40%，从而建成了世界上最短的高端车型生产线。

另外，日本政府还加大了对3D打印机等尖端技术的财政投入。2014年，日本经济产业省把3D打印机列为优先政策扶持对象，进行了一个名为“以3D造型技术为核心的产品制造革命”的大规模研究开发项目。对此项目，日本政府计划投资45亿日元，开发出全世界最高水平的金属粉末造型用3D打印机。

日本在工业4.0领域的规划和布局有两大核心优势比较突出：一是在工业自动化领域内，自动化技术发展的高度产物——工业机器人是工业4.0大的生态系统中重要的一环。日本工业机器人的开发和应用开始于20世纪60年代。到了20世纪80年代，由于机器人比其他自动机械应用得更广泛，逐渐在新的生产系统中起到了核心作用，并独自作为一个产业而迅速扩展。目前，日本已经在发展第三代、第四代工业机器人的路上取得了瞩目的成就，其机器人产业也成为全球的领导者。

二是在管理方面，实施工业4.0的一大核心问题是构建智慧工厂的生产线。解决这一问题，需要一种精细化的生产管理模式，也就是精益管理。而这一生产方式，源自于日本的丰田生产方式，是丰田制胜的法宝。后来，精益管理在全球被广泛运用。

◎ 美国：积极实施“再工业化”

在美国，“工业4.0”的概念被“工业互联网”取代，它将智能设备、数据、人连接起来，以智能的方式利用交换的数据，从而形成了一个更具有效率的生产系统。

金融危机后，美国政府就将发展先进制造业上升为国家战略，希望以新的革命性生产方式重塑制造业。2009 年 12 月，美国出台《重振美国制造业框架》，详细分析了重振制造业的理论基础及优势，成为美国发展制造业的战略指引。

而作为未来的潮流，美国的工厂将通过互联网，实现内外服务的网络化，向互联工厂的趋势迅速发展。如采集并分析生产车间的各种信息，向消费者反馈，将从工厂采集的信息作为大数据通过解析，从而开拓更多的商业机会。另外，对硬件从车间采集的海量数据进行处理，也将在很大程度上决定服务、解决方案的价值。

2011 年 6 月和 2012 年 2 月，美国先后启动“先进制造伙伴计划”和“先进制造业国家战略计划”，以加快速度抢占 21 世纪先进制造业制高点。其中，“先进制造业国家战略计划”将“再工业化”思路进行了全面阐释，比如提出要发展先进生产技术平台、先进制造工艺及设计、数据基础设施等先进数字化制造技术。其核心是鼓励创新，并从 CPU、系统、软件、互联网等信息端，通过大数据分析等工具“自上而下”地激活传统产业，重塑美国制造业和工业格局。可以说，这是美国工业 4.0 思路的一种体现。

2013 年 1 月，美国总统执行办公室、国家科学技术委员会和高端制造业国家项目办公室联合发布了《国家制造业创新网络初步设计》，并投资 10 亿美元组建美国制造业创新网络（NNMI），集中力量推动数字化制造、新能源、新材料应用等先进制造业的创新发展，打造一批具有先进制造业能力的创新集群。

因为有谷歌、IBM 等 IT 巨头的存在，所以美国在大数据应用上较为积极，非常重视给社会带来新的价值。谷歌不断将制造业企业收购至麾下，就是希望掌握主导权。同时，通用电气公司作为美国大型制造企业的代表之一，也开始加强对数据的分析和软件的开发，从车间采集数据，进行解析，并提供解决方案，开拓新的商业机会。可以说，美国比德国的工业互联网，即工业 4.0 的范畴更广阔，因为其想要或者是能够将人、数据和机器连接起来，形成开放而全球化的工业网络。

中国版工业 4.0——“中国制造 2025”

2014 年 3 月，国家主席习近平访问德国，在发表的署名文章中重点提到德国工业 4.0 战略；同年 10 月，李克强总理访问德国，发表了《中德合作行动纲要》，宣布中德两国将开展工业 4.0 合作；2015 年 3 月 5 日，国务院总理李克强在政府工作报告中谈及产业结构转型时强调，要实施“中国制造 2025”，加快从制造大国转向制造强国。《中国制造业发展纲要（2015—2025）》被誉为“中国版工业 4.0 规划”，将借鉴德国版工业 4.0 计划，围绕在我国工业有待加强的领域进行强化，打造新一代信息技术产业、高端装备制造产业、新能源产业和生物医药与生物制造产业。

◎“中国制造 2025”总体脉络

“中国制造 2025”计划分为三步：

第一步，到 2025 年迈入制造强国行列。也就是力争用十年时间，到 2025 年，基本实现工业化，制造业大国地位进一步巩固，制造业信息化水平大幅提升。掌握一批重点领域关键核心技术，进一步增强领域竞争力；提高产品质量；让制造业数字化、网络化和智能化取得明显进展；让重点行业单位工业增加值能耗、物耗及污染物排放明显下降。

到2025年，制造业整体素质大幅提升。比如：创新能力显著增强；全员劳动生产率明显提高；“两化融合”（即工业化和信息化的融合）迈上新的台阶；重点行业单位工业增加值能耗、物耗及污染物排放达到世界先进水平。形成一批具有国际竞争力的跨国公司和产业集群，并提升在全球产业分工和价值链中的地位。

第二步，到2035年，我国制造业整体达到世界制造强国阵营中等水平。比如：创新能力大幅提升；重点领域发展取得重大突破；整体竞争力明显增强；优势行业形成全球创新引领能力，全面实现工业化。

第三步，到新中国成立一百年时，我制造业大国地位更加巩固，综合实力进入世界制造强国前列。

在大趋势下，“中国制造2025”是一个务实又高瞻远瞩的战略方针。《国务院关于印发〈中国制造2025〉的通知》，有着“一二三四五五十”的总体结构，如表1－1所示。

表1－1　《中国制造2025》通知的“一二三四五五十”总体结构

事　项	内　　容
“一”：一个目标	就是从制造业大国向制造业强国转变，最终实现制造业强国的目标
“二”：“两化融合”	通过“两化融合”发展来实现这一目标。党的十八大提出了用信息化和工业化“两化”深度融合来引领和带动整个制造业的发展，这也是我国制造业所要占据的一个制高点

续表

事 项	内 容
“三”：“三步走”	就是要通过“三步走”的一个战略，大体上每一步用十年左右的时间，来实现我国从制造业大国向制造业强国转变的目标
“四”：四项原则	第一项原则是市场主导、政府引导。第二项原则是既立足当前，又着眼长远。第三项原则是全面推进、重点突破。第四项原则是自主发展和合作共赢
“五五”：两个“五”	第一个“五”是有五条方针，即创新驱动、质量为先、绿色发展、结构优化和人才为本；第二个“五”就是实行五大工程，包括制造业创新中心建设工程、强化基础工程、智能制造工程、绿色制造工程和高端装备创新工程
“十”：十个领域	包括新一代信息技术产业、高档数控机床和机器人、航空航天装备、海洋工程装备及高技术船舶、先进轨道交通装备、节能与新能源汽车、电力装备、农机装备、新材料、生物医药及高性能医疗器械十个重点领域

◎ 兼收并蓄的行动纲领

《中国制造 2025》行动纲领最显著的特点之一，就是从制定到执行，兼收并蓄，广泛吸纳国内和国际各方意见。

事实上，“中国制造 2025”与德国“工业 4.0”的合作对接渊源已久。2013 年 4 月，德国政府正式推出“工业 4.0”战略。2015 年 5 月，国务院正式印发《中国制造 2025》，部署全面推进实施制造强国战略。同年 10 月，中德两国宣布，将推进“中国制造 2025”和德国“工业 4.0”战略对接，共同推动新工业革命和业态。德国的制造理念和制造品质在全球是有目共睹的，德国的技术和中国的市场如果能够对接起来，将产生非常大的合作优势。

此外，中国就“中国制造2025”与美国国家制造业创新网络也进行过交流。第八轮中美战略与经济对话对美国国家制造业创新网络及“中国制造2025”等议题进行了深入讨论，并积极引导美国高端制造业企业加大对华投资合作的意愿。

◎ 一视同仁的发展机遇

“中国制造2025”的重要原则是：自主发展，开放合作，在发展机会上公平对待，对内外资企业一视同仁。在《中国制造2025》行动纲领中明确写道：中国要继续扩大开放，积极利用全球资源和市场，加强产业全球布局和国际交流合作，形成新的比较优势，提升制造业开放发展水平。在这一原则的指导下，中国进一步加快了对外开放的步伐，各跨国公司对中国市场也更加看好。

关于中外企业在中国的合作，工业和信息化部部长苗圩比喻说：“一花不是春，百花春满园，中国与发达国家产能和装备制造合作的空间很广阔，通过构建多方协作的平台，‘中国制造’的性价比能够插上高精尖的翅膀，完全可以优势互补，共同发展好第三方的市场，实现多方之间的互利共赢。”

2017年5月19日，被称为国内“工业4.0”应用典范的宝马新大东工厂在辽宁沈阳正式开业。宝马新大东工厂引资76亿元人民币，拥有完整的生产工艺和尖端生产设备，并采用大数据、数字模拟和物联网等创新生产技术，充分展现出德国的“工业4.0理念”与“中国制造2025”的高度契合。

宝马集团负责财务的董事彼得博士在揭幕仪式上这样说道："中国市场见证了我们的合资企业和 BMW5 系的成功发展，而新大东工厂再次表明我们对中国市场的承诺。"德国知名工业企业科德宝集团亚洲地区代表许倍帝在北京表示，该集团将会持续对中国进行投资，助力"中国制造 2025"，并为中国成为全球科技强国提供强力的支持。对于"中国制造 2025"，许倍帝颇为看好。她认为，该战略提出创新、研发高质量和高技术产品，并大力推动自动化、数字化发展，提高生产效率和生产力，体现出中国政府一如既往地重视可持续发展。

对此，科德宝欧洲股份公司首席执行官索伊博士也表示，当前中德各个领域的关系蒸蒸日上，"中国制造 2025"与德国"工业 4.0"的高度契合和紧密合作，或许能进一步推动两国技术和贸易流通。另外，德国企业会持续关注这一机遇，并利用其技术优势助力中德合作。

除了与中国企业平等享受在华发展机会之外，外企还利用"中国制造 2025"的发展机遇，与中企在中国的一些重要制造业领域开展深入合作。

以 C919 大飞机为例，其是中国按照适航审定要求和主流市场标准自主研发的首款干线客机，供应商包括美国通用电气公司、霍尼韦尔公司。其中，一级供应商中的海外企业就有十几家，二级和三级供应商有数百家。C919 成功首飞以后，通用电气公司还专门发了新闻稿，声明自己参与了 C919 大飞机项目。

制造业转型三大标志：定制化、智能化和服务化

作为全球经济竞争制高点，制造业引起了世界各国的高度重视。可见，以制造业为核心的实体经济，才是保持国家竞争力和经济健康发展的基础。

当然，这也意味着中国制造业企业将会面临双重压力：内部挑战和外部环境。从企业内部看，生产成本上升、研发投入不足，且生产组织方式较为传统都是目前亟待解决的具体问题；而从外部环境看，消费者具有更大的主导权，大数据、云计算、移动、社交化、3D 打印和机器人等技术的发展，将会颠覆旧有的制造模式，跨界融合、制造业服务化的趋势也日益显著。

目前，中国制造业正处于变革与转型的十字路口。为了能够适应市场环境的具体要求，并顺利完成转型，制造业企业必须高瞻远瞩，在定制化、智能化、服务化方面做足文章。

◎ 制造业正在开启定制化变革

互联网在工业生产中的影响力，将推动传统企业从标准化制造

向大规模定制转型升级，而未来的工业产品从设计到销售服务，将会融入互联网基因，以用户的需求为主导，以此来推动产品的生产、销售过程，开启智能化制造和订单化生产。举个例子，在以往，通过网络定制一台冰箱或者设计出一套独一无二的衣服等是根本无法实现的，且是人们不敢想象的。而现在，那些我们原本无法想象的情景，在海尔冰箱和青岛红领制衣的互联工厂已成为现实。比如，在青岛海尔集团，用户可以通过海尔商城，根据个人的喜好自由选择空调的颜色、款式、性能、结构等，真正意义上做到定制个性化需求。而工厂生产的空调从最初的技术、功能和外观，到生产数量、运输车辆、送货时间，甚至是上门安装等一系列需求，都实现了与用户的完美结合。再如，青岛红领集团正在引领服装制造业企业的深度变革——用户可以对某一件衣服自主下单，自动裁剪。不仅如此，衣服上的每一个电子标签，都记录着顾客个性化定制的全部生产数据，包括布料、体型和款式等。

这就是互联网的力量，它解决了以往的企业与用户之间的一大难题——信息不对称。工业时代，生产厂家无法低成本了解每一个客户的需求，往往采用一刀切的方法，把需求者多的性能组合成一款产品。而互联网改变了这个局面，且让每个人的个性需求被放大，人们越来越喜欢个性化的东西。这种从用户需求出发，融合物联网、大数据的生产方式新变化，正是融合“工业 4.0”“工业互联网”“互联网 +”等理念形成的互联网工业体系，其愿景就是以智能制造实现大规模和定制化的生产方式，推动智能化和绿色化的人类新工业文明。

用互联网思维审视市场、产品、用户，企业的价值链，乃至整个工业文明体系，不难发现：在未来的信息化和网络化社会中，依靠大数据技术，工业生产将会实现大规模的个性定制，而产能过剩也将会不复存在，并且改变传统的规模化生产、标准化制造和低成本扩张的工业社会发展模板。

未来，在成本与市场的双重压力下，传统企业的制造模式与商业模式将会继续面临严峻的挑战。只有紧跟互联网工业及大规模定制化生产趋势的变化，企业才能不断发展，获得持续与旺盛的生命力。

◎ 借力“互联网+”，加速“智能化”转型

“工业4.0”强调通过充分利用嵌入式控制系统，实现创新交互式生产技术的联网和相互通信，推动制造业向智能化转型。目前，很多企业都在转型升级的道路上发力狂奔，利用“互联网+”和智能化改造在行业确立新坐标。这也意味着，智能化个性化定制生产将是未来的主流。

2016年4月，中海油海洋工程承建的亚马尔液化天然气（LNG）项目首个核心工艺模块运往俄罗斯。这是中国首次对外输出LNG核心工艺模块，标志着“中国制造”打入国际高端油气装备市场。“黄岛造”LNG模块对外输出只是西海岸新区制造业持续升级的一个缩影。在这里，制造业正试图摆脱自主创新能力偏弱、传统产业产能过剩和新兴产业供给不足等困境，向信息化和智能化方向转型升级，从而探索个性化智能发展道路。

在中德生态园，海尔工业4.0中央空调智能互联工厂项目正式

竣工。通过互联网、物联网、物流网，整合了物流资源，引入了一套世界一流的智能化系统——GE 资源 IMES，以及实施国际 IWMS 智慧物流系统等。其以实现“智能物流”的快速服务与配送，期望在更大程度上满足用户个性化需求。为此，工厂将搭建全流程智能互联系统，通过快速获取用户需求、满足用户个性化需求，从而真正实现大规模个性化定制。

不同于普通白家电企业的姿态，海尔工业 4.0 中央空调智能互联工厂以起点高、自动化智能化程度高、行业带动系数大的特点，从传统制造业中脱颖而出，并引领该领域的快速发展。对于众多家电企业集中的西海岸来说，海尔工业 4.0 中央空调智能互联工厂的引领意义更加重要。

另外，双星轮胎智能化制造基地项目总投资 45 亿元，重点建设绿色轮胎智能化制造基地、绿色轮胎设备制造基地和绿色轮胎物流中心。在项目生产过程中，双星大力推广机器人，规范高效的生产流程使产品更耐磨、更耐刺扎、更防爆裂，将形成绿色全钢轮胎 400 万套、绿色半钢轮胎 600 万套的年生产能力。在双基地内，你完全看不见轮胎生产车间的拥挤杂乱，其每个模块只有一两个工人操作，从送料到生产，智能化机械设备随处可见。这是目前为止，全球唯一一个真正意义上的全流程智能化工厂。至此，我国首批智能化生产的轮胎已经在这里下线，并达到了欧盟标签法的最高等级。

◎ 制造业服务化成制造业转型新常态

什么是制造业服务化？它是指在经济全球化、客户需求个性化和现代科学技术与信息化快速发展条件下出现的一种全新的商业模式和生产组织方式，是制造与服务相融合的新的产业形式。这种产业形式使企业从单纯产品或者服务供应商，向“综合性解决方案”供应商转变。总的来说，制造业服务化分为两个部分：一个是制造业投入服务化，包括新技术研发、市场调研、广告、物流、技术支持、零部件供应和信息咨询等方面；另一个是制造业产出服务化，包括销售服务、维修保养、金融租赁和保险等方面。其中，对服务化的解释简单地说，就是制造业企业由提供物品/物品与附加服务向物品到服务“包”的转变。完整的服务“包”包括物品、服务、支持、自我服务和知识。其中，服务在整个“包”中居于主导地位，是增加值的主要来源。从某种意义上说，制造企业服务化转型的最高阶段，是企业发展战略实现从基于产品的服务向基于客户需求的服务的转变。

IBM 正在逐步顺应这一趋势，向以服务为主导的发展方向迈进。自 20 世纪 90 年代起，IBM 开始服务化转型，并陆续推出了“四海一家的解决之道”“IBM 就是服务”“电子商务随需而变”和“智慧地球”等服务战略。IBM 的服务化转型创造了一种新的商业模式，这种模式面向复杂系统，根据客户需求进行专业的系统设计，构建全业务综合集成服务体系，建立集“问题分析 + 战略规划 + 方案设计 + 关键软硬件产品开发 + 项目实施 + 业务外包 + 人才培训”为一体的全业务综合集成服务体系。

制造业服务化将成为我国经济转型升级的新引擎，这已经成为业内的共识。实现制造业服务化，需要从解决客户问题、细节决定成败、持续不断创新、拥有客户关系、多种业务模式、面向终端客户、专业设计诊断与咨询七个方面入手。再具体点来看，比如服务领导力，为什么服务领导人是至关重要的？服务领导人需要具有怎样的特质？怎样培养卓越的服务领导人？比如客户价值，客户生命周期、客户价值分析等问题与制造企业服务化的关系是怎样的？再比如服务供应链，服务供应链的形成、供应链变革的基本原则、服务供应链的模式和供应链质量的影响因素是如何实现制造企业服务供应链的创新的？

总之，制造业服务化是潜力巨大的新兴领域，其也必然会要求企业从战略、组织、营销、供应链等方面多层次、多角度地衡量制造业服务化的战略调整方向与实施路径，从而促进企业向制造业服务化转型。

工业定制专家看法："2016世界互联网工业大会"摘要

2016年9月27日至28日，在青岛举行的"2016世界互联网工业大会"上，来自近10个国家和地区、国内30多个省市约300位互联网和制造业领域的专家学者、企业家出席会议，就互联网工业发展成就和实践，进行了多方位、多角度的探讨和交流，比如生产车间可以实现互联网+智能制造、推进"两化"融合发展、把机器人与互联网结合起来等。从中，我们可以看到"工业定制"的清晰画面。

◎ 车间承载着"互联网+"

中国工程院院士、中国机械工程学会副理事长李培根认为，推进互联网+智能制造，在车间就可以实现，并会由此推动企业达到高质、高效、绿色的发展等目标。譬如质量问题，企业可以通过应用智能技术、自动化技术，对数控机床进行定期体检，在保证机床正常运行的同时还能提高加工质量。

绿色生产可以在车间实现。从表面上，绿色生产是减少产品的污染，但实际上是减少浪费、减少资源消耗，比如车间里的机油问题。以往是定期更换机油，而现在则可以通过智能检测油品污染的程度，从而决定是否更换。采用这样的做法，可以减少浪费。

企业服务智能化可以在车间实现。无锡天奇是一家为汽车厂做自动装配线的公司，其不仅装了很多传感器，还有一个智能引擎云中心。另外，操作人员在云中心可以通过智能分析，来判断设备是否正常。而一旦发现问题，就会通过云平台数据管理的专家系统进行维护、维修。

个性化可以在车间实现。东莞劲胜是一家做手机壳的公司，包括产品的开发、品质管控、工时动态匹配等。该公司在遇到一些问题时，都会通过数字化和智能化技术在生产车间解决。

高效可以在车间实现。劲胜公司用自动化系统取代了部分人工，通过应用虚拟的开发设计软件，让产品的开发周期从原本的 120 天缩短到 80 天，顺利提升了 15% 的产能；车间由原来的 204 人减少到 33 人，节省了 80% 的人力。这些成果，都是通过自动化和信息化实现的。

李培根强调指出，对于刚刚起步的企业来说，推进互联网 + 智能制造，质量、高效是基本目标，而服务、绿色、个性等是新目标。只要在车间现场围绕基本目标，数据、设备和人，都可以找到机会。总而言之，数字、智能技术离我们并不遥远。

◎ 推进“两化”融合发展

中国互联网协会理事长邬贺铨说，实现全产业链闭环数字化，从设计到生产、装配等全过程，都要满足虚拟世界的要求。推进“两化”融合、发展数字经济，主要解决三个问题：产业互联网的技术基础、产业互联网的实现路径和数字化转型的机遇与挑战。

在制造行业，支撑产业互联网的技术基础大体可分为四个方面：信息技术、先进材料技术、先进制造技术和生物制造技术。其中，信息技术又分为企业管理用的信息技术和与制造有关的信息技术，而与生产制造有关的信息技术包括云计算、大数据和物联网。再进一步细分的话，生产制造可以落到集成电路、计算机操作系统和人工智能上面。可以说，企业管理用信息技术有着各种各样的软件。

产业互联网的实现起点是“两化”融合，然后上升到企业互联网化，再进一步发展到智能制造、智能工厂。从实现路径来讲，首先是管理的数字信息化，如早期从财务管理做起的，也实现了企业内部的信息化管理，包括产品寿命管理、供应链管理、企业资源规划和客户关系管理。

另外，过去企业在某个环节做到过数字化，如工业设计环节、制造环节，现在我们希望整个产业链数字化，并且希望数字化是闭环的。而要实现全产业链闭环数字化，我们还有很长的路要走。譬如，有的企业的自动化生产线是比较先进的，但从德国“工业 4.0”来看其信息技术仍然还差一段很长的距离。德国“工业 4.0”的实现不仅仅是一个生产环节自动化的加工，还要追溯到供应链的物流，以及后端的整个体系。简单来说，就是从设计，到生产，再到装配等过程，都要满足虚拟世界的要求，要给予所有产品身份、信息，并在整个运行过程中可以分享产品的位置和状态。即便是到达了目的地，产品的全过程信息都是及时更新的。

邬贺铨指出，在互联网化方面，中国企业既面临着巨大挑战，也有着前所未有的机遇。大数据、智能化、移动互联网、云计算代表着信息技术发展新阶段的时代特征，是产业互联网发展的创新平台。中国企业只有迎头赶上，才能赢得机会。

◎ 海尔“六个转型”颠覆传统

海尔集团董事局主席、首席执行官张瑞敏说，海尔探索转型有六个方面：战略转型、组织转型、工厂转型、市场转型、客服转型和价值标准转型。而企业发展有两个变量：战略和组织。

在张瑞敏看来，企业如果在战略和组织上没有变化，企业就没有发展的办法和机会。战略转型一定是从线性到非线性的。线性管理最大的问题，就是把很多动态的、多化的东西，变成一个静态的东西，这在传统时代是可以的，但是在互联网时代有些不现实。互联网时代是非线性的，原因就在于企业和用户之间变成了零距离，零距离就意味着去掉中心化和中介化。海尔在战略上的转型，就是从传统的以企业为中心变成现在的以用户为中心。组织转型，就必须为了实现满足“人单合一”的战略，从现在的科层制变成网络化。

战略和组织要转型，工厂就必须转型。原来的工厂是物理空间的车间，现在的工厂应该是满足用户体验的互联工厂。海尔会根据用户提出的要求，专门设计、制造、配送，并且把所有的信息发到用户手机上，使用户体验一站式服务。此外，海尔的市场的转型就是要从单边市场转向双边市场，把交易平台变成交互平台。如从电器变为“网器”，也就是能让电器都能连上网。网站是什么？网站就是一个用户圈，所有用户都在上面，进行交互和交流。

客户的转型就是从客户关系管理变成供应商关系管理，也就是供应商管理企业。在电商平台，只有用户点击、购买，你才有存在的价值和意义。而用户连点击都没有，那你什么都不是。所以，对于企业来讲，就是要把以名牌为目标，变成以平台为目标。

在传统时代，你要么是名牌企业，要么是名牌企业的代工企业。总之，就是谁是名牌谁就可以得到溢价，有说话的底气。而在互联网时代，要么拥有平台，要么被平台拥有。所以海尔的实践就是把以名牌为目标变成以平台为目标。

关于价值标准的转型，张瑞敏说：“原来的价值标准是体现在企业内部，哪个企业有最好的资产、最优秀的人员，哪个企业一定赢。但现在的价值标准一定产生在企业外部，哪个企业有最大的价值资源，哪个企业就能赢。”

◎ 和客户一起拥抱数字化

西门子集团大中华区首席执行官赫尔曼曾表示：数字化的企业不可能单独构建，需要携手合作，西门子一直推进数字化创新尝试。

“我们将继续专注众多的价值链，包括电气化、自动化、数字化的价值链。我们工业云平台可以提供数字化的服务，可以在我们的云端灵活地开发运营程序，可以帮助客户在全球的设备群中进行资源的优化和预测性的维护，这是我们实现数字化企业的创新尝试，新三板在线，也是我们和客户一起拥抱数字化时代的做法。”赫尔曼如是说。

赫尔曼还称，“中国为实现传统产业和数字化的转型，正推进‘互联网+’，还制定了制造业2025规划，我们公司也正在实现进一步的数字化和创新。企业不可能是单独构建的，数字化的企业也不可能单独构建，需要携手合作，德国‘工业4.0’和‘中国制造2025’都是要引领行业走向未来。对于西门子而言，中国是一个独一无二的市场，我们会树立行业标杆，让关键的目标逐一实现，我们会携手客户，共同应对行业面临的最严峻挑战”。

◎ 互联企业助力智能制造

罗克韦尔大中华区总裁罗伯特·巴特摩尔说：“今年召开的自动化博览会上，我们推介了一款产品，可以知道你的机器什么时候出现了问题，这是非常好的一个智能产品，通过这项技术为企业提供的一些数据，可以以一种更加高效的方式来控制整个制造过程。比如说当机器发生故障之前，我们就会有一个预测性的故障维修，这就是智能资产带来的价值。互联企业将这种智能资产多策略控制的实时大数据，转化为可指导行动的信息，企业内的这种控制和信息集成将会有助于客户来优化工厂和供应网络，还可以把相关的人员连接起来进行协作，可以更加快速地解决问题。”他认为，互联企业将实时大数据转化为可指导行动的信息，将会有助于客户优化工厂和供应网络。

可见，对于罗克韦尔公司来说，智能和互联资产是非常重要的，尤其是能够帮助中国实现“中国制造2025”目标。

◎ 把机器人与互联网结合起来

宝佳那智机器人研究院顾问陈恳认为，21 世纪有三项技术：第一是互联网；第二是智能机器人；第三是人工智能。从根本上来说，这三项技术能给制造业带来一个革命性的变化。当然，这三项技术需要深度融合后，才能推动社会的发展和变革。

机器人和人工智能机器人实际上是两项关键的技术，能为人类高效、高质量、低成本以及柔性化和大规模的定制提供技术的保障。同时，机器人技术是一个多学科技术密集型的领域。因此，产学研的结合、企业的资金和市场的需求，再加上应用的结合，才能促进机器人技术真正的发展。

陈恳认为，把机器人和工业互联网结合起来有两个方向：一是通过把机器人和互联网结合起来，实现工业机器人全生命周期的远程管理。目前，这个技术已得到应用。二是通过开发远程监控系统，实现工业机器人在线监控、数据处理、故障处理和报表功能，并实现整个系统的远程集成控制。

第二章

制造升级：生产制造模式的变革

企业要实现制造升级，需要找到传统生产方式的弊端及实施定制化生产面临的问题，明白制造业个性定制化商业模式的基本原理，把握科技创新这一转型升级的根本，然后制定出适合自己的新的生产制造模式。

企业传统生产方式的弊端

工业定制要求有与之适应的管理方式和生产方式，虽然我国企业的生产管理技术有了一定程度的发展，不少企业也引进了先进的生产管理技术和方法，但当前我国生产制造企业的生产管理总体水平还不够高。

◎ 企业生产缺乏柔性，对市场反应能力低

柔性生产的基本特征是：技术柔性、时间柔性、分散生产、产品种类多和弹性生产，其要求加工制造做到灵活、可变和可调节。随着市场环境的不断变化，用户的需求呈现出了多样化与个性化的特征，因此产品生命周期和交货期在不断缩短，这就要求企业以柔性生产管理的角度来思考问题。

要想适应现在市场多变性的需求，现代企业的生产组织必须要在短时期内，以最少的资源消耗，从一种产品的生产转换为另一种产品的生产。如果不迅速调整战略的话，可能会使自己处于尴尬的

位置。比如传统生产管理模式是以产品为单位，按台份编制生产计划的。投入产品与调整产品对整个计划影响较大，再加上企业生产的反馈信息比较慢，下月初才有上月末的生产统计资料，无法实现动态调整，生产严重滞后，从而导致生产系统速度慢。

◎ 企业的“多动力源的推进方式”使库存大量增加

多动力源的推进方式，指的是各个零部件生产阶段，各自都以自己的生产能力、生产速度生产，而后推到下一级，由此逐级下推形成“串联”，平行下推形成“并联”，直到最后的总装配，构成了多级驱动的推进方式。

由于生产是“多动力源”的多级驱动，加上没有严格有效的计划控制和全厂的同步化均衡生产的协调，各生产阶段的产量必然会形成“长线”和“短线”的境地。长线零部件“宣泄不畅”进入库存，加大库存量，而短线零部件影响配套装配，形成短缺件。然后，当“长线”越长，“短线”越短时，使各种库存无法起到协调生产，保证生产连续性的作用，反而适得其反，会造成多方面不利的影响，比如：在制品积压；流动资金周转慢；生产周期长；给产品的质量管理、成本管理和劳动生产率，以及对市场的反应能力等带来影响。

◎ 单一产品的“大而全”或“小而全”生产结构

长期以来，我国一直采用“大而全”或“小而全”的生产结构方式，不仅排斥了规模经济效益的生产方式和效率低下的生产方式，也排斥多样化经营，只靠增大批量降低成本生产。实际上，这样的生产结构方式不利于企业分散风险，更不利于企业提高效益，以及促进企业顺利成长。

现代化大生产是充分利用发达的社会分工和协作，组成专业化和多样化相结合的整机厂和专业化的零部件厂。然而，随着时代的变迁，科学技术的不断进步和人们生活条件的不断改善，消费者的价值观念变化很快，且消费需求也多样化，从而引起产品的寿命周期相应缩短。为适应市场需求环境的变化，企业必将转向多品种、中小批量混合的生产。

◎ 企业生产计划与作业计划相脱节，计划控制力弱

在生产计划的编制过程中，传统生产管理模式是以产品为单位进行的，但由于各生产阶段内部的“物流”和“信息流”是以零件为单位，因此作为厂一级的生产计划只能以产品为单位，按台份下达到各生产阶段，而不能下达到生产车间内部。生产车间内部则根据厂级生产计划，以零件为单位自行编制本车间的生产作业计划。但由于各生产车间的工艺、对象和生产作业计划的特殊性和独立性，各生产车间产量进度也不相同。而厂级计划是以产品为单位编制的，无法对各车间以零件为单位的生产作业计划起到控制作用。

如果用西方管理的观点来审视管理，中国式管理的最大特征，就是伦理与管理合而为一，如将做人与做事的道理合在一起。在这种管理思维下，企业难免会出现一些问题。比如，只知做人的道理，却不知做事的方式。也因此，中国企业必须要克服传统生产方式的管理弊端，并从传统观念向先进生产组织方式转型。

中国制造业实施定制化生产面临的问题

在智能制造的时代，世界经济类型将会从市场导向型转为消费导向型，而定制化生产的模式也会普及开来。但在此之前，中国制造面临着不少严峻问题，如内外市场萎缩、成本优势渐失、品牌溢价失效和欧美国家高端制造倒逼中国制造业变革。面对这四大问题，中国制造业的真正出路就在于中国制造的“工匠精神”。

◎ 内外市场萎缩，制造业市场饱和

由于中低端制造业的门槛低、参与程度广泛，三十多年来，中国制造企业层出不穷。每年制造产生的产品由满足内需到对外出口，所占的市场份额在不断扩大。调查显示，目前中国已经有 200 多种产品的产量位居世界第一，但随着每年工业产值的不断增加，制造业产能和产量已经明显过剩，供给也早已远超预期的市场需求。与此同时，中国消费结构却在不断升级，消费习惯也发生了翻天覆地的变化，简单的功能性产品已经不能满足本土消费者的需求，而个

性化和科技感强的创新性产品却能吸引更多的消费者。其中，年轻的消费者将视线更多地锁定在“智慧型和时尚型”产品上，如苹果手机。在这个过程中，低端大众化的制造产品正在不断被驱逐出市场。

从目前看，虽然消费者的需求已经从功能型、品牌化向体验式、参与感转变，但是多数的中国制造企业却跟不上消费者的步伐，甚至可以说跟不上时代的步伐。

在外需萎缩、内需不足的情况下，中国制造业的市场早已饱和，随之而来的是制造业空心化的不断加剧。

◎ 收益杠杆失衡，成本优势渐失

长期以来，依靠廉价的生产成本中国制造业在短时间内实现了迅速扩大市场的目标，并在国际市场上形成强大的竞争优势。但随着生产成本的快速上涨，中国制造业在劳动密集型和资源密集型领域的竞争优势正在一点点消失。

日前，美国波士顿咨询公司公布的《全球制造业的经济大挪移》报告显示，中国制造业的生产成本已经接近美国，其生产成本的差距也缩小到5%的范围之内。其中，除了汇率变动的影响之外，还来自于劳动成本和能源成本的不断提升。

数据显示，2003年中国制造业产品的劳动成本平均比美国要低22%。2008年，生产成本的优势下降到只剩下5.5%。中国制造的成本正在逼近美国。时至今日，与十年前相比，中国工人的工资年均上涨了12%，与欧美等发达国家差距逐步缩小。除此之外，中国近十年地价飞涨，制造业所需的各种原材料价格也是一路飙升，各种叠加因素让中国制造的产品运往各地的成本大幅提高，中国制造的优势正在一点点消失。

◎ 品牌溢价失效

自20世纪90年代以来，制造业在借助成本优势和广阔市场赚得“第一桶金”之后，也曾效仿欧美制造企业，试图摆脱产品同质化的发展瓶颈，用消费者的品质和情感诉求重塑品牌，实现品牌的再次溢价。但遗憾的是，长期以来，中国的制造业都在中低端市场中徘徊，无论是格力、海尔，还是其他数以万计的贴标产品，中国制造企业多数都是依靠“薄利多销”来创造利益价值，品牌难以形成企业的一种可变现资产，在变幻莫测的市场环境面前难逃厄运，始终未能实现向高端领域的突破。

其根本原因在于，中国制造业欠缺工匠精神，从而一直被外界贴上廉价、低质形象的标签。也正是因为如此，中国制造业很难从需求、动机培育、价值和角色塑造、习惯和归属感塑造等方面对品牌溢价形成拉力。

美国可口可乐公司前任董事长罗伯特·士普·伍德鲁夫曾说：只要“可口可乐”这个品牌在，即使有一天公司在大火中化为灰烬，那么第二天早上，企业界新闻媒体的头条消息一定是各大银行争着向“可口可乐”公司贷款。再细数一下中国的制造产业，相信没有哪家企业的领导者会像伍德鲁夫这样自信。

◎ 欧美国家高端制造倒逼中国制造业变革

制造产业高端化成为大势所趋，美国的制造业“回流”就充分论证了这一点。欧美国家倡导的“再工业化”，为中国制造产业带来了新的挑战。制造业回流不单单是指将传统的制造产业迁回到国内，而是战略性制造产业的主导权的控制。长期以来，美国以创新、科技和品牌元素所积累的制造产业正在向新的领域迈进，在这之中，高端智能化是主要方向之一。

作为“代工生产”的制造大国，中国尽管实现了制造业年产值2万亿美元的突破，并在规模和产值上一路领先，但在竞争力上却始终赶不上美、德、日等制造大国。

随着这些国家向高端制造业领域迈进，中国制造产业的升级换代也将会受到狙击。现如今，中国制造业面临着两个方面的难题：一是难以应对来自低生产成本国家的竞争挑战，造成中低端制造产业的外流；二是在高端制造领域难以与欧美国家相匹敌。在腹背受敌的情况下，中国制造业的发展道路愈加艰难。

◎ 中国制造业的真正出路：中国制造的“工匠精神”

随着消费者自我意识的觉醒，中国正在从大规模的工业化生产进入到精益求精的定制化时代。在定制化时代，中国的制造业最需要做的就是要保证自身的工匠精神。

什么是工匠精神？它指的是专注于某一领域，且针对某一领域的产品研发或加工过程精益求精，一丝不苟地完成整个工序的每一个环节，对自己的产品精雕细琢，苛求完美的一种精神理念。与此相对应的则是一种“差不多”的精神——凡事只是满足于99%，甚至90%就不再继续推敲打磨产品。格力董事长董明珠曾在公开场合发问：“为什么中国那么多的企业，却生产不了让消费者想要的马桶盖、电饭煲?”而这，也恰恰隐射了中国制造业的诟病，也就是“差不多”思维。

在技术竞争和人才竞争激烈的时代，企业要想谋求更辉煌的成果，就要摒弃“差不多”思维，不要让短期的利益熏染了自己的双眼。只有经过精工制造，拥有切合实际的工匠精神，才能够将众多独有的文化内涵和品质融入产品当中，从而在国际市场上形成口碑，摆脱粗制滥造的形象，增加今后用品质获得品牌高溢价的能力和机会。

当然，工匠精神的塑造并非一日之功，除了将工匠精神纳入国民教育中、重视专业技术人才的培养、建立工匠精神的养成的制度体系外，还要在社会上树立起工匠精神的价值体系。

在“中国制造2025”的契机下，只有当个人、社会、政府等多管齐下形成合力，用工匠精神打磨中国制造，才能让中国制造业的筋骨强健，稳步前行。

工业 4.0 引领制造业个性定制化商业模式大变革

在工业革命的不同阶段，自动化和信息化大大释放了生产力，解除了人类社会发展的一些约束条件，促进了生产制造能力的大大提升。同样，在工业 4.0 时代，网络化将再次解除人类的约束条件，形成一种新的生产能力，并改变社会技术体系，从而引领制造业个性定制化商业模式大变革。

◎ 商业模式变革的基础——价值创造体系

工业 4.0 时代具有三个高度化技术特征：高度自动化、高度信息化和高度网络化。一般来讲，自动化是工业 2.0 时代的特征，而信息化是工业 3.0 时代的特征，在工业 4.0 时代，自动化和信息化将继续深入发展，形成高度自动化和高度信息化。

自动化是第二次工业革命主要的技术创新。通过电气化的应用，不少企业实现了大规模流水线作业，大大释放了机器的力量，避免了因人的体能等约束带来的限制，且加大了生产力。以福特汽车自动化流水线作业为例，自动化流水线给生产制造领域的效率提升带来了巨大改变。正因为这种大规模制造的出现，使得每家每户都可以买得起汽车。在工业 4.0 时代，自动化还会继续发展和应用。从技术发展趋势来看，自动化将呈现智能化的特征。大量智能机器人的应用，将导致自动化生产线更具有柔性，可以实现多种产品的生产。随着生产制造现场的自动化设备集成度增加，大量的工作将主要由自动化设备来实现，不是不可能的事情。

生产制造企业的信息化，一般可以通过经营管理系统和生产制造系统来实现。前者主要体现为 ERP（企业资源计划）、CRM（客户关系管理）和 HRM（人力资源管理）等系统，后者主要体现为 PLM（产品生命周期管理）、MES（制造执行系统）及 DNC（分布式数控）等系统。具体来讲，经营管理系统主要是为了实现涉及非生产现场的管理内容，而生产制造系统主要是为了解决产品核心价值创造过程的管理，如产品的研发设计、生产制造等。与自动化类似，信息化在工业 4.0 时代也将继续发展，它将主要以更加高度的集成为特征。一些提供智能工厂或数字化工厂解决方案的企业，把 ERP、PLM、MES 及 SCADA（数据采集与监视控制系统）等系统集成到一起，形成一个完整的解决方案——数字化工厂解决方案。这的确是一个可行的方式。不过，高度信息化集成也存在一个弊端。比如，它只是针对企业的部分需求。如果想要其满足企业的多方面需求，供应商还需进行下一步的定制化开发和优化。

高度网络化特征是工业 4.0 时代独有的特征，也是互联网技术在生产制造领域应用的结果。其特征是工业 2.0 和工业 3.0 都不具有的。需要指出的是，与传统的消费互联网技术不同，工业领域需要具有不同技术指标的工业级互联网，诸如一些特定的技术指标要求，如实时性、安全性等。

综上所述，工业4.0时代具有所有工业革命所具有的基本特征，那就是生产力和生产关系都会发生改变。同时，工业4.0时代的高度网络化特征体现了互联网技术在生产制造领域的渗透，这也是工业4.0时代的最大技术特征，它带来的模式变革将是我们最应该关注的焦点。由于价值创造体系发生了改变，以此为基础的商业模式也就具有了变革的可能性。

◎ 工业4.0引领变革——全新的工业价值生态

根据“微笑曲线”价值理论，制造业的高附加值环节主要集中在前端的研发设计和后端的制造服务。而中间的制造部分附加值则会越来越低。制造业想要寻求新的增长动力，就必须向“微笑曲线”的两端延伸，而大数据的应用正为其向制造服务业的转型提供了良好的契机。

例如，苹果（iPhone）产业链上的价值大部分被设计iPhone的苹果获取了。再加上，由于苹果主要通过线上和线下渠道销售iPhone，所以其渠道上可以获得的价值也是有限的，就连为苹果（iPhone）加工的富士康等生产制造企业从苹果（iPhone）产业链上分配的价值也不大。在工业4.0时代，生产制造环节在整个产业链上价值不高的现象不会改变，甚至会更为突出。业内有专家认为，智能制造可以帮助企业获得更多的价值，这实际上是一厢情愿的想法，或者说这种想法是基于其他环节的利益相关者不愿意争取更多份额的假设，这是不成立的。

如果按照“竞争战略之父”迈克尔·波特所构建的竞争分析模型来看，对于一个以生产制造为核心的价值链，如果不能控制创新的环节，如产品设计和产品服务化，那么这个企业则不能获取较大的价值份额，毕竟价值链上的其他企业是不会让渡价值的。

为什么会出现这样的现象呢？工业革命以来，特别是第二次工业革命以来出现的专业化分工以及流水线，导致无差异化的工厂越来越突出，使得工厂拥有者难以“逼迫”供应链降价以及提高产品的出厂价。除非这家企业能控制设计环节，可以让消费者对工厂的品牌有很好的认知度，否则谁也无能为力。例如，海尔家电就拥有工厂，并在市场上获得了消费者的支持，因此具有一定的市场定价权。

即便在工业4.0时代实现了智能工厂和智能制造，也无法改变工厂的生产制造环节难以从价值链上获得更多利益的结果。由于智能工厂的标准化和网络化，企业有可能把无差异化发挥到极致，从而形成所谓商品化的结果，也就是任何一位拥有投资能力的企业家，都可以通过一定的投资，购买一个智能工厂，从而为生产产品提供更大的可能。

正如互联网在消费领域的应用一样。在生产领域，互联网的应用大大促进了生产力的提升。更重要的是，由于生产制造的网络化，将导致原有的价值创造体系发生革命性的变化，从而会产生大量的创新商业模式，促进新工业价值生态的产生和发展。

科技创新：中国制造业转型升级的根本出路

世界各国通过多方面的实践结果表明，制造业转型升级的根本出路在于科技创新，而科技创新是驱动发展的主要动力。目前，中国制造业的发展已经进入转型升级的关键时期，科技创新也将成为制造业转型升级的主引擎。

对此，2017 年 3 月 18 日至 20 日，工业和信息化部部长苗圩在北京钓鱼台国宾馆举行的主题为“中国与世界：经济转型和结构改革”的“中国发展高层论坛 2017”上发表演讲。他指出，中国制造业创新的体制机制存在一定的短板和弊端。

◎ 制造业创新体制机制存在的问题

加强制造业发展动力、机制转换和发展模式的转型，关键在于做好创新驱动发展的战略。近年来，以企业为主体，产、学、研、用相结合的创新体系正在形成，重大的创新成果也在不断地涌现：ARJ21—700 型新涡扇支线客机正式投入商业运营；C919 大型客机实现首飞；全球首颗量子通信卫星发射成功；中国的标准动车组完成了世界上首次420公里/小时的实验……

在肯定我国制造业成绩的同时，我们也清醒地看到，制造业创新的体制机制还不够完善，仍然存在着一些制约创新的短板和弊端。

从扶植政策上来看，在鼓励企业创新政策的实际执行中，存在着落实不到位的问题。比如，制造业企业受惠面偏小，高新技术企业认定的门槛高，企业在研发和执行过程中的难度较大，且程序烦琐。

从激励机制上来看，如何充分地调动创新人才的积极性的制度环境和有利于人才、信息、风险资本等创新要素自由流动并高效配置的机制还需要进一步完善。

从服务体系来看，大型科研设备以及创新资源开放共享的程度不够。支撑企业开发创新的公共服务平台数量也不够多、能力不够强。

从社会环境来看，鼓励创新、宽容失败的社会氛围还没有形成，产业工人的社会地位和收入都处在较低的水平。因此，企业追求卓越、精益求精的工匠精神有着明显的弱化。

这些问题，都需要通过制度和政策的改进来逐步解决。

◎ 制造业提质增效升级的六项措施

习近平总书记明确指出："工业是立国之本，要坚持创新驱动发展这个核心，加强技术创新、加快信息化、工业化的融合，推动中国制造向中国创造转变，中国速度向中国质量转变，中国产品向中国品牌转变。”2015 年 5 月，国务院发布的《中国制造 2025》也将创新驱动放在五个方针的首要位置，将提高国家制造业创新能力作为九大任务的第一项任务。我们将深入贯彻落实党中央、国务院的战略部署，以新发展理念为指引，以深化供给侧结构性改革为主线，以创新驱动发展为主题，全面实施“中国制造 2025”，加快制造业提质、增效的升级，如表 2－1 所示。

表 2－1　制造业提质增效升级的六项措施

事　项	内　　容
完善国家制造业的创新体系	在弥补创新链从实验室产品到产业化之间的缺失环节这个方向，要突出体制、机制的创新，要充分地依托企业来联合高校和研究院所，在现有的基础上加快推进新材料、机器人等创新中心的建设，指导和推动省级的创新中心的建设工作，开展共性关键技术的研究和产业化的应用示范，破解行业的共性技术、供给不足这方面的难题
加强关键核心技术的攻关	发挥集中力量办大事的优势，继续实施核高基、高档数控机床与基础制造装备，大飞机、两机等国家科技重大专项，启动实施重点新材料研发和应用的重大工程，加快论证天地一体化的信息网络、智能制造和机器人等重大工程。加快车联网的推广和应用，努力在战略必争领域抢占发展的制高点
夯实工业发展的基础能力	针对重大工程和重点装备的关键技术和产品的急需，支持优势企业开展产、学、研用联合攻关，突破重点领域发展的基础性瓶颈，要开展示范应用、建立奖励和风险补偿机制，完成首台套、首批次的政策，支持核心基础零部件，包括元器件、先进的基础工艺、关键的基础材料首批次和跨领域的应用。强化平台的支撑，布局和组建一批“四基”的研发中心，完善重点产业技术基础体系
实施军民深度融合发展战略	加快推进军品科研生产能力的结构调整。建立健全小核心、大协作、专业化、开放型的武器装备科研生产体系，促进军民两用技术的双向转化，推动军民结合型产业的快速发展，形成对制造业转型升级强大的牵引力和推动力

续表

事项	内容
加强创新人才队伍的建设	人才是创新的第一资源，我们将高度重视领军人才和优秀团队的引领作用，培养一大批具有创新精神和国际视野的企业家人才、各行各业各领域的技术创新的专家型人才、具有先进理念的高级经营管理人才，加快建设多层次的制造业创新人才队伍
深化体制机制的改革	要进一步深化政府的放管服改革，加快政府职能的转变，打破行政性垄断和行业的壁垒，消除阻碍创新要素合理流动的人为因素，要深化市场准入制度的改革，加强知识产权的保护和市场的监管，构建公平的市场竞争秩序。完善创新主体的激励机制，通过财政、税收、金融等多种政策手段，激励企业加大创新的投入，大力推广产、学、研协同创新，提高科技成果转化的效率

苗圩的观点很宏观，具体到现实中，我国企业的研发成效还是不错的。从 2014 年 3 月 13 日联合国机构世界知识产权组织（WIPO）公布的 2013 年国际专利申请件数统计数据中，我们可以看到，全世界申请国际专利最多的前十家企业中有三家是中国企业。这三家中国企业分别是华为、中兴和华星光电。有这样的研发基础，中国未来科技创新在支撑制造业转型升级方面很有希望，但这仍然需要配套改革来推动。

采用先进生产方式，实现传统制造模式再造

在新形势下，中国制造企业应该采用先进的生产方式，构造出新的、适合国情的生产模式，“跳越”过“第一次生产方式革命”阶段，迎接“第二次生产方式革命”及现代生产方式的挑战。只有这样，中国的制造业才能产生根本性的变化，从而带动整个国民经济的增长，甚至是腾飞。

◎ 如何更新再造制造模式

对制造模式进行更新、再造，中国制造企业需要在生产组织、生产管理、生产方式、品种结构和管理制度等几个方面着手，如表2－2所示。

表2－2 更新再造制造模式的五项措施

事 项	内 容
生产组织措施	在生产组织方面，要从“以产品为中心”组织生产转变为“以零件为中心”组织生产。“以产品为中心”组织生产，是指在整个企业生产过程中，各生产阶段之间的“物流”和“信息流”

续表

事项	内容
生产组织措施	都是以产品为单位流动和传递的。该生产方式因为各生产阶段之间和各生产阶段内部的单位口径的不一致，便表现出了传统生产管理模式的特性。“以零件为中心”组织生产，是指整个生产过程中，从工艺设计、计划、编制，生产组织实施等各个环节，都以零件为单位组织安排。该生产方式在各生产阶段内部和各生产阶段之间，“物流”和“信息流”的单位是统一的，它克服了由于其单位口径不一致造成的“物流”和“信息流”之间的割裂和脱节，使生产计划和生产作业计划之间的信息传递无障碍，从而使各生产阶段之间及其内部的“物流”和“信息流”都能受控于统一的控制中心
生产管理措施	在生产管理手段上，要由手工管理转变为计算机管理。近二十年来，计算机技术已经给我国企业的生产经营活动，以及包括生产管理在内的企业管理带来了惊人的变化，这是有目共睹的。CAD、CAPP、CAM、MRPⅡ、ERP以及现代生产系统中出现的柔性制造技术（FMS）等技术在企业生产管理中的应用，极大地提高了生产和管理的自动化水平和劳动生产率。计算机集成制造系统（CIMS）技术，使企业的经营计划、产品开发、产品设计、生产制造以及营销等一系列活动，有可能构成一个完整的有机系统，更加灵活地适应市场环境变化的要求。但是，这种技术的巨大潜力在传统的管理体制和管理模式下是无法实现的，必须建立在现代生产运作系统上，并进一步朝着经营与生产一体化、制造与管理一体化的高度集成方向发展
生产方式改进	在生产方式上，要以精益求精生产的要求组织生产。按照精益求精生产的要求，围绕市场需求来组织生产，其具体形式是“拉动式”生产。即企业的生产以市场需求为依据，准时地组织各环节的生产，下环拉动上环，消除整个生产过程中的一切松弛点，从而最大限度地提高生产过程的有效性和经济性。“拉动式”生产彻底地改变了过去那种各环节都按自己的计划组织生产，靠大量的在制品储备保任务和保均衡的做法，真正做到市场需要产品以最快的速度生产出来，减少储存，最终做到生产与市场需要同步

续表

事　项	内　　容
品种结构改进	在品种结构方面，要由少品种、大批量生产，转变为多品种、小批量、个性化生产。“以产品为中心”组织生产，“以调度为中心”控制进度的管理方式，是与少品种、大批量生产方式相适应的。当今，一方面，在市场需求多样化面前，这种生产方式逐渐显露出其缺乏柔性，不能灵活适应市场需求的弱点；另一方面，飞速发展的电子技术、自动化技术及计算机技术等，使生产工艺技术及生产方式的转换成为可能。而当今的企业必须面向用户，适应市场，并依据市场和用户的需求变化，不断地优化产品结构，最大限度地满足用户对产品品种、质量、价格与个性化服务的需求。这也是市场经济发展的客观要求。因此，大量生产方式正逐渐丧失其优势，而多品种、小批量、个性化生产方式将成为主流
管理制度改进	我国传统制造业生产管理模式的特征，就是要做到制度化、程序化和标准化。这三点是科学管理的基础。我国制造企业在生产管理制度方面，是一个薄弱环节，它反映在管理业务、管理方法、生产操作、生产过程、报表文和数据资料等各个方面。现代生产管理要求的是科学化的管理。在管理工作中，要完全按照各种规章制度、作业标准、条例等执行，一切都做到有据可依，有章可循，按制度办事，按作业标准操作，按程序管理

◎ 更新再造制造模式应注意的问题

由于企业之间的生产水平差别比较大，因此在对制造模式进行更新再造的过程中应注意以下几方面的问题，如表 2－3 所示。

表 2－3　更新再造制造模式应注意的问题

事　项	内　　容
明确生产管理各个组成系统的关系	生产管理系统主要包括三部分：一是生产准备系统；二是生产操作系统；三是生产过程控制系统。处理好生产管理系统的各个组成系统的关系，使各个系统相互服从、相互协

续表

事　项	内　　容
明确生产管理各个组成系统的关系	调，及时有效地运行，提高企业生产管理系统的应变能力和适应能力。促进生产管理信息系统的强大，从而有利于加速企业生产管理模式的更新
处理好制度创新、技术创新和管理创新间的关系	我国现阶段处于市场经济体制完善时期，过于重视企业制度创新，忽视技术创新和管理创新，必然会影响我国企业生产管理模式的更新。因此，企业必须正确处理企业制度创新、技术创新和管理创新三者之间的关系，坚持三者紧密结合，在制度创新的基础上以及管理创新的组织保证前提下，通过技术创新开发新产品来适应市场的需求，或者通过技术创新来创造出新的生产方法
企业在引进中注意消化吸收和创新	引进先进的生产管理模式，企业一定要结合自己的实际情况进行吸收和创新。例如，实行单件生产方式的企业以及资金雄厚、管理水平高、有一定计算机管理基础的企业，引进 MRPⅡ或 ERP 模式较为适宜；对于我国目前大多数加工装配型制造企业而言，引进准时生产（JIT）思想一般更有适应性，待企业有了一定发展后再进行“二次引进开发创新”，推行 ERP 模式。无论精益生产（LP）模式还是 ERP 模式，对我国大多数企业而言都有不适应的方面。LP 模式强调生产管理中消灭一切浪费，但在目前我国生产环境下是难以实现的；ERP 虽可以使企业库存大幅度降低，生产效率显著提高，却需要有先进的计算机系统和较大的资金支持。我国的企业应积极地汲取两种先进模式的思想精华，探索二者结合，根据企业实际情况，逐步推行创新，构建具有中国特色的企业生产管理新模式。传统制造企业要大胆植入互联网基因，加大核心技术创新和管理创新，做好企业经营成本、产品和服务质量以及运营效率的提升。当今互联网时代，对于许多中小传统制造企业而言，只要它们积极投身时代大势，迅速地适应这种趋势，或许真是千载难逢的好机会；而对于难以转身或不愿转身的领导型传统制造企业而言，由于它们的消极应对，很可能会面临一场突如其来的大灾难。总的来说，谁能主动掌握更新再造制造模式，谁就可能抢得先机

个性化定制策略：提高用户体验与关注“长尾”部分的开发

在工业4.0时代，人与人、人与设备以及设备与设备将通过互联技术融合在一起，同时企业与企业、企业与消费者也实现无缝对接。基于这点，工业4.0时代的个性化定制策略主要有两点：一是提高用户体验；二是关注“长尾”部分的开发。

◎ 以用户为中心，提升用户体验

传统的商业模式是“先制造、后销售、再消费”，企业提供什么，消费者就被动地去接受什么。企业先前所秉持的“以用户为中心”的思想，从本质上看还是以企业为主导的。相对于企业而言，消费者依然是弱势群体，其需求仍然是单向的。而在工业4.0智能制造的背景下，“先个性化定制、再制造、后消费”的新型商业模式，给予了消费者极大的自由度和参与度，更大限度地得到自己所需求的东西。与此同时，企业的思想就转变为了“用户需要什么，我就给用户提供什么”的服务，真正地去理解、思考和满足消费者的需求。

工业4.0下的智能工厂，不像以往的一套流水线或一个车间，而是包含设计、采购、制造、营销和服务的一整套流程，是一种完全能满足消费者需求，且与消费者需求更为契合的系统。可以说，工业4.0智能工厂的最终载体并非智能生产本身，其定制体系的关键和核心是消费者。

假若企业再以自身为中心，则很难在智能制造时代生存下来。企业将用户接入产品设计、制造、交付的全流程中，通过规范化的模块实现定制生产，用户只需要将不同模块进行选择与组合，就能构建出成千上万种符合用户特色的个性化产品，使产品设计极大简化。每个用户都可以充当设计师，感受设计带来的舒适感与满足感。

例如，海尔集团提出“你来设计我来实现”的口号，用户可以自由决定产品的外观、性能、颜色和大小。海尔完成了首台个性化空调的定制，开启了个性化制造的时代。工业4.0也使海尔的工厂变得透明，用户可以通过网络系统实时零距离地接触整个定制生产过程，了解供应链情况，掌握制造进度，追踪货物交付。一切尽在用户的掌控之中，提高了用户在商业过程中所处的地位，提升了用户的体验和主动性。

◎ 注重“长尾”部分的开发

2004年，美国《连线》杂志总编辑克里斯·安德森首次提出“长尾”理论，用以描述亚马逊和Netflix之类的网站的商业和经济模式。在《长尾理论》一书中，他说明了什么叫长尾理论——只要储存和流通的渠道足够大，需求不旺或者销售不佳的产品共同占据的市场份额，就可以和那些数量不多的热卖品所占据的市场份额相匹敌，甚至更大。他还认为，网络时代就是关注“长尾”，发挥“长尾”效益的时代。

在过去，企业要想发现小众群体，将产品传达给小众群体很困难，挖掘他们的需求更是难上加难。而在互联网时代，网络技术、认知计算和移动社交媒体的存在和发展，使这一切都不足以成为难题。随着个性化、定制化理念的兴起，将长尾理论扩展到企业制造环节，正是合适的时机，也将会是未来的趋势。

事实上，许多互联网企业把长尾理论发挥到了极致，这也是对长尾理论的最好诠释。它们通过销售诸如音乐、游戏币和电子书籍等虚拟产品获得高额利润，其支付和配送费用基本可以忽略不计。可见，小批量生产更适用于个性化定制，而大规模制造向多品种小批量生产转变也迫在眉睫。

制造业智能化路径：产品、设备、生产、管理和服务的智能化

随着工业4.0概念的出现，制造业将掀起席卷全世界的新一轮产业革命——第四次工业革命。第四次工业革命所要求的不单是工业设备的升级，也不是局限于局部的智能机器人研究，而是要求各国在物联网、服务网络和信息技术的基础上，对整个制造行业进行深度整合，以及彻底的智能化改造。总的来说，就是智能制造不仅仅是更换一条先进的生产线，而是一个覆盖整个产业价值链的系统工程。若想实现产业升级的战略目标，制造业需要在以下五个方面推行智能化升级。

◎ 产品：从“机制化”到“智能化”

如果说生产定制是从客户的角度出发，能够在最大范围内尽可能地满足客户的个性化需求，那么智能产品则是在客户使用过程中，逐渐实现对其的个性化服务。通过在产品中加入大量的电子技术并

与云端连接，每个被纳入的物体都相当于一个智能终端，不断记录着产品本身的静态信息与周围环境变化的动态信息，最终上传到终端服务管理平台。针对大量的数据分析，产品会逐渐“了解”客户，感知客户本身的特殊情况与自身的变化，并在特定场合下做出实时反馈。

从智能手机到智能家居，日常事物也逐渐走向通往智能化的道路上。这一改变过程，也推进着制造业创新思路的发散、产品附加值与客户忠诚度的提升，以及品牌形象的塑造。比如，一方面，产品的智能化不仅在于产品性能的提升与特定功能的实现，更包含怎样更好地感知分析客户的特定需求，并对其进行精准定位。另一方面，被融入智慧因素的产品不再是冷冰冰的、没有生命的物品，它能为用户的生活带来诸多意想不到的便利，甚者能与用户之间形成某种情感上的联系。如智能跑鞋，其能根据跑步者特有步姿以及所处环境立即做出改变，并记录跑步者运动过程中各项数据，提醒跑步者身体状况，而跑步者有可能会根据这些数据重新安排运动计划。同时，随着“智造化”的思维，不仅有传统生产厂家对其现有产品的改造，还有一大批新兴科技企业的崛起。在不远的将来，智能化产品能够得到广泛的应用，且能促进整个行业技术的变革与进步。

◎ 设备：从“人工化”到“IT化”

智能制造的主体是智能化的工业设备。例如，从单个的智能机械手、智能传感器、智能机床到智能生产线、智能工厂，工业生产都采用高水平的智设备能。可以说，工业设备的智能化是狭义的

“智能制造”，而其他领域的智能化都离不开制造设备的智能化。唯有如此，制造业才能发展出智能工厂，重组工业产业链。

在工业设备的智能化过程中，设备维护智能化是重要的一环。无论哪个行业，设备都是高价值资产，并对企业的生产运营有着至关重要的作用。如果维护不及时，导致意外停机或机器损坏，那将会对企业造成重大的损失：影响交货期；降低维修效率；增加设备连锁损坏风险，甚至会进一步影响上下游设备的生产。因此，设备维护享有高优先级的待遇，而明确的早期识别和干预计划对工业设备的维护是非常有价值的。因此，转变思路，寻找和使用合适的 IT 解决方案管理工业设备，确保其高效运转，成为企业寻求新增长的关键因素。生产中设备维护很容易被忽略，因此需要利用 IT 系统进行日常维护、校准和检查，将预防维护工作锁定在“必备工作”一栏，从而防止维护工作被工作人员遗忘或者被其他新进的项目耽误。通过预防性的分析和预警，IT 系统可以帮助维修技术人员提前安排重要的预防维修措施，以防止以上情况出现。而通过对预防维护的智能调度，企业可以有充分的时间为设备升级或为设备更新做准备。

◎ 生产：从“同质化”到“个性化”

所谓智能化的生产方式，指的是个性化生产与服务型制造。在工业 4.0 时代，智能工厂完全可以根据消费者的个性化需求进行自动化生产。在这个过程中，企业内部组织将与产品的最终用户、业务合作伙伴形成一个新的产业价值链。信息流、产品流和资金流在生产制造流程中的运行方式也将会有所改变。

在传统制造业的背景下，由于成本和效率的约束，个性化的定制往往是少数人的特权。如今，顾客想要的已经不仅仅是能满足自己基本需求的产品，更希望产品能满足自己的特定需求。过去，由于信息不对称，制造业的生产方式是由研发生产端到需求端，无法大规模生产个性化的产品。而现在，新一代互联网+技术的普及，使得厂家与个体客户间的低成本交流成为现实，制造业已实现由需求端到研发生产端的拉动式生产。与此同时，制造企业的成败，往往在于客户对其产品的认可程度，而当对个性的追求已成为时代的共识，产品能够满足客户多样化、个性化的需求已然成为制造企业成败的关键。

因此，未来哪家企业能够领先于竞争对手完成对企业数字化、网络化与智能化的转型，以实现大规模的定制化生产来满足顾客的个性化需求，哪家企业就能成为市场的王者。以青岛红领集团为例，其通过自主研发的西装个性化定制系统，由客户自行选择面料、工艺、价位等，再通过获取客户的身体数据，从而形成相应的客户专属版型。这些个性化信息被分解至各个生产工序，被流水线终端读取加以实现，七天之内便可交付成货。与其他成衣制造业相比，红领以工业信息化的流程实现了个性化生产，且省去了渠道、商场等中间环节，成功打造了 C2M 商业模式。

◎ 管理：从“传统看板”到“目视管理”

生产管理看板系统是指用于车间或生产线目视化管理（Visual Management，VM）的一种表现形式，即对数据、生产状态等的情况一目了然，主要是对生产进度、生产状态进行的透明化管理设备。具体情况是这样的：目视管理依据人类的生理特征，在生产现场利用信号灯、标识牌、符号颜色等方式来发出视觉信号，鲜明准确地刺激人的神经末梢，快速地传递信息，形象直观地将潜在的问题和浪费现象都显现出来。

而传统的看板是由人用笔把一天的生产情况记录在黑板或白板上，但这种方式不仅费时费力，而且不能实时地了解生产进度与当前的生产状况。在科技飞速发展的今天，这种方式可以说是十分落后的。

所以说，目视化生产管理看板的存在，可以通过利用色彩适宜的视觉感知信息，来组织现场生产活动，了解实时的生产进度、产能及不良数等，还能让车间管理人员及时掌握管理现状和必要的情报，从而快速制定并实施应对措施。因此，生产管理看板是发现问题、解决问题的非常有效且直观的手段，是优秀的现场管理必不可少的工具之一。

◎ 服务：从“生产型”到“服务型”

智能制造模式可以让用户全程参与整个产品的生命周期，与智能工厂携手完成研发设计、制造加工、组装包装和物流配送等环节。由于实现了与消费者的全程无障碍沟通，智能工厂可以在整个产品生命周期中，为消费者提供更加人性化的服务。例如，通用电气通过在飞机发动机叶片上安装传感器来记录震动、热力等数据，随即将这些运行参数发回检测中心进行实时监控，最后再借助分析模型了解传感器运行状态及预测故障状况，为客户提供及时的检查、维护与保养等后端服务工作。与此同时，这些数据的存在大大改善了制造业前段产品设计与仿真的过程，使得制造业向价值链两端延伸，最终实现制造业服务化。

借助大数据等新一代信息技术的深入应用，制造企业可扩展其传统产业的版图，通过跨界合作或新市场开拓实现产业的整合与升级。智能产品源源不断地向厂商传递客户的信息，会比客户本身更了解客户。例如，智能手环的生产厂家搜集大量使用者的运动情况与健康状况，自然能成为健身服务供应商最好的合作伙伴，甚至摇身一变，成为该领域强而有力的竞争者。

其实，智能制造也好，智能工厂也好，每个制造企业都有自己的实施条件和路径，没有千篇一律的道路可行。一般来讲，产品智能化、设备智能化、过程智能化、管理智能化和服务智能化是中国工业从制造迈向智造的必经之路。只不过，对于不同的行业和不同的企业来说，由于市场需求模式不同、产品工艺不同和管理基础不同等方面的影响，侧重点也会有所不同，但企业总能找出一条通往智能制造的可行之路。

第三章

两化融合：信息技术是从中国制造转向中国创造的核心

“两化融合”是信息化和工业化高层次的深度结合，其核心就是信息化支撑，追求可持续发展的模式。事实上，新一代信息技术正在工业定制化方面发挥着不可估量的创新作用，向我们展现了其应用价值和应用路径。

新一代信息技术产业十大技术孕育工业定制化创新

2016 年是我国“十三五”的开局之年，在政策驱动、产业变革、融合发展和智能转型的新形势下，电子信息技术无疑是引领新一轮变革的主导力量。在这新的阶段内，哪些技术领域可能孕育世界级的创新，是中国的发力重点。2016 年 4 月 26 日，在由中国电子信息行业联合会、中国电子学会主办的第十一届中国电子信息技术年会上，中国电子学会发布了“2016—2020 年推动产业变革的十大信息技术”，其中智能终端和云服务、下一代网络通信技术、先进传感和物联网技术、机器人和无人系统、高级人工智能、虚拟现实和增强现实、快数据、3D 打印技术、信息安全与防护，虚拟现实和增强现实，新型半导体材料与高端元器件入选，成为推动产业变革的主要技术。

◎ 智能终端和云服务

随着智能手机、可穿戴设备、服务机器人的普及，人们已越发离不开智能终端了，而云服务是这些智能终端的“大脑”。未来，智能终端与云服务的融合，将会为人类开启智能社会的大门。

◎ 下一代网络通信技术

随着网络通信技术的持续发展和网络内容服务的丰富，人类似乎已经离不开网络。甚至有人说“网络才是人类最基本的生理需求”，此言颇有道理。不过，在这个过程中也有着一些烦恼。如下载高清视频、享受网络交互体验等易使网络拥堵不堪。可见，只有下一代网络通信技术才可以满足智能社会对大数据的传输和对网速的需求。

◎ 先进传感和物联网技术

智能制造、智慧生活离不开传感与物联网技术。现如今，扫个二维码，就能全网比价了。可以说，先进传感与物联网技术是实现《中国制造 2025》战略的核心技术，也是造福民生的重要技术保障。

◎ 机器人和无人系统

百度机器人在向人打招呼时，会这样说：“你好，我叫小度！”近年来，机器人与无人系统发展迅猛，阿西莫、阿特拉斯、机器狗、达芬奇手术机器人、全球鹰无人机和谷歌自动驾驶汽车等新技术与新产品层出不穷。未来，机器人与无人系统必将在生产、生活中发挥出更大的作用，大大加速人类社会的智能化发展进程。

◎ 高级人工智能

继2016年阿尔法狗横扫李世石后，“阿尔法狗什么时候挑战柯洁”这个问题就一直是棋迷们所期待的，这场人机大战第二季的比赛已经敲定，时间是2017年5月，地点是浙江的乌镇。人机大战第二季，也将是人机最后一战。

近年来，人工智能的发展极为迅速，机器学习取代机器计算的时代或将到来。在不久的将来，谁敢保证电影《机械姬》《她》中的情境不会在现实中再现。这真的很难说。

◎ 虚拟现实和增强现实

2015年，Magicleap公司发布的几段视频成功吸引了全球网民的眼球，网民们不住感叹：“这才是真正的‘穿越’！”虚拟现实和增强现实迅速成为人们关注的焦点。虽然近期虚拟现实和增强现实产业大多出现在娱乐领域，但未来应用不可限量。有机构预测，到2020年，虚拟现实和增强现实产品市场规模将达到1500亿美元。

◎ 快数据

数据越大，就要越快。目前，海量数据的使用并不充分和高效，因此如何快速、准确地处理数据，也就成了大数据处理的研究方向和主流。目前，针对快数据处理模型的相关研究也在逐步发展和成熟。

◎ 3D打印技术

3D打印是一种快速成型的技术，其根据计算机数字图纸通过层叠打印的方式，将塑料或金属塑造成用户想要的形状。可以说，3D打印技术在部件加工、工业设计等领域有巨大前景。未来，3D打印将有可能从工业应用上扩展到生物、医学、食品等领域。

◎ 信息安全与防护

信息安全与防护是不可或缺的防火墙。其不但关系到国家安全，更涉及每一个人的切身利益。在信息安全领域，传统的防护方式已逐渐跟不上形势。基于机器学习的安全与防护、硬件安全与防护等新的信息安全防护技术亟待突破。

◎ 新型半导体材料与高端元器件

半导体材料与元器件是当代信息技术发展的基石，而新型半导体材料与高端元器件领域的突破将是信息技术继续前进和发展的原动力，更是产业变革的重要支撑。

上述十大信息技术，将在未来五年颠覆信息技术产业，影响科技发展走向，为制造企业的工业定制化创新带来了广阔的应用前景，甚至还很有可能改变人类的生活。

新一代信息技术的定制化应用价值和应用路径浅析

《中国制造2025》，是以信息化和工业化融合为主线，以智能制造为主攻方向的制造强国战略指导方针。新一代信息技术与工业技术的融合与创新，正在以前所未有的广度和深度推动制造业发展模式的变革。那么，它在制造业的应用价值在哪里？其应用路径又是什么？

◎ 新一代信息技术的定制化应用价值

新一代信息技术的定制化应用价值主要来源于新一代信息技术的核心内涵，如表3－1所示。

表3－1 新一代信息技术的核心

事项	内容
云计算	作为一种低成本的资源交付和使用模式，用以提供可用的、便捷的、按需的网络访问，包括基础设施即服务（IasS）、平台即服务（PaaS）、软件即服务（SaaS）等类型。通过可配置、低成本的计算资源共享池（包括网络、服务器、存储、应用软件和服务等），实现资源的快速提供。云计算以扩大IT公共产品和服务提供能力为主要模式，可大幅提升IT系统效率，降低总体拥有成本，提升信息服务质量，创新信息服务模式，实现业务的移动、在线、跨域协同

续表

事项	内容
工业互联网	通过实现工业系统与高级计算、分析、感应技术以及互联网的连接融合，建立智能机器间连接以及人机连接，结合工业软件和大数据分析，重构工业形态，激发生产力。智能网络可实现互联机器网络的优化；系统级优化让员工能够提高效率并降低成本；智能决策让智能软件能够巩固机器和系统级的收益；持续学习成为更好地设计新产品和服务的关键
大数据	将计算技术与科学工程领域有机结合，实现各领域海量数据的获取、存储、管理、深度分析和可视化展现。从IT（信息技术）到DT（数据技术），大数据使组织具有更强的洞察发现力、流程优化能力和科学决策力，可充分利用海量、高增长率和多样化的信息资产，从大数据中可以发现新知识、新规律；让企业进行更准确的商业决策；通过大数据提供更好的服务；关联全量数据分析可提高商业价值
智能制造	通过先进传感、仪器、监测、控制和过程优化技术与实践的组合，将信息和通信技术与制造环境融合在一起，形成赛博物理系统（CPS），实现工厂和企业中能量、生产率和成本的实时管理。“动态感知”，可全面感知企业、车间、设备的实时运行状态；“实时分析”，可对获取的业务实时运行状态数据进行及时、快速的分析；“自主决策”，可按照设定规则，根据数据分析结果，自主做出判断和选择；“精准执行”，可执行决策，对设备状态、车间和生产线运行做出优化调整

总体来说，新一代信息技术在市场供给方面可以支持企业提供更多类型的产品和服务；可创建新的业务形态，提升质量和效益；可满足用户大规模个性化定制需求，支持人类对美好未来的向往。在整个社会的价值链流动中，新一代信息技术作为新兴的生产力工具正起着无可替代的赋能作用。

◎ 新一代信息技术应用路线构想

为推进新一代信息技术的深入应用，契合时代要求和发展趋势，建议制造业企业参照以下思路进行工作的统筹推进，如表 3－2 所示。

表 3－2 新一代信息技术应用路线构想

事 项	内 容
积极参与国家以《中国制造 2025》为核心的两化深度融合工作战略部署	以《中国制造 2025》为代表，国家在“互联网＋”、智能制造、云计算、大数据和物联网等领域的方针政策、路线图和行动计划已陆续出台，部署安排了一批重大工程，包括智能制造、云计算、“互联网＋”、国家物联网重大应用示范工业和新兴产业大数据等，这些重大工程作为国家优先进行资金和政策支持的方向，企业应积极参与其中。对接国家要求，可收到事半功倍的效果
按照中航工业信息化规划的统一部署和统一 IT 架构的要求推进新一代信息技术应用	中航工业信息化规划和各类专项规划（如智能制造架构和推进计划）明确了“两化融合”工作的总体目标和工作思路，确定了工作原则，以重点任务方式给出了分领域建设要求，是指导工作的总体蓝图和顶层依据。统一 IT 架构，从应用架构、数据架构、技术架构视角给出各业务领域、各技术领域 IT 架构的顶层要求，是实现全集团构建协同、集成和共享信息化大平台必须遵循的具体技术依据。各单位可根据有关文件，细化推进本单位的规划和架构管理工作
基于产品、企业管理和价值链多维度推进新一代信息技术应用	从三全视角推进信息化工作可以实现两化融合对业务的全覆盖。在产品维，深度应用模型驱动的设计/制造/验证/服务技术（MBx），促进形成模型驱动的系统生命周期协同开发模型，从流程、方法、工具和环境层面，构建支持连续工程方法论的先进工程体系，以支持研发模式转型和创新驱动发展。在生产制造领域推进赛博物理生产系统技术应用，形成基于数字化/网络化/智能化的智能制造体系；在价值链维，基于工业互联网和云平台的协同技术，构建全局价值链优化的精准供应链和高效一体化协同的客户服务体系；在企业管理维，以云计算和工业大数据技术应用为核心，构建流程驱动的基于统一业务模型的运营管理模型，实现敏捷化管理。在支持上述三维的协同基础设施领域，以构建基于云和面向服务的工业互联网技术为核心，实现中航工业基于云的工业赛博物理系统

新一代信息技术大潮给制造业带来新的机遇，企业只有拥抱时代的变革，将新一代信息技术与企业发展相结合，才能充分发挥信息技术应用价值，推进信息化建设，在“两化融合”中实现跨越发展。

新一代信息技术重构传统制造业定制化产业链

整个经济活动可以分为两大环节：价值创造和价值传递。其中，价值传递主要是信息流、资金流和物流的传递。而通过物流、信息流和资金流，互联网已经全面渗透并改造了价值传递环节，实现了数字世界和物理世界的融合，减少甚至消灭了中间环节，重构了商业链条。可以说，新一代信息技术的影响正在从价值传递环节向价值创造环节渗透，且在深度改造传统制造产业。

◎ 新一代信息技术给传统制造业带来的影响

那么，新一代信息技术给传统制造业到底带来了什么影响？

首先，物联网、移动互联网与大数据技术的应用使得实时采集、实时监控、感知生产过程中产生的大量数据成为可能，使得信息的获取更加便捷；其次，由于生产数据高速的传输，将促进生产过程的无缝衔接和企业间的协同制造，导致信息传输速度成倍加快；最后，信息处理技术的发展带来了海量的生产数据和快速处理的方式，实现了生产系统的智能分析与决策优化。因此，新一代信息技术的广泛应用，使柔性制造、网络制造、绿色制造和智能制造逐渐成为生产方式变革的方向。

与此同时，新一代信息技术也带来了一大批新的生产理念不断涌现，如工业互联网、工业4.0等。因此，我们所看到的新一代信息技术正在不断地向制造业的各环节渗透，扩散到整个产业链，引领了系列新的产品、服务、生产体系和产业，并颠覆了过去的技术经济范式，开创了新的发展模式。

◎ 新一代信息技术重构传统制造业定制化产业链

新一代信息技术全面推动制造业与服务业的融合创新，并带动了制造业产业链的重构。在企业之间、企业与用户间都发生了巨大变化，进而出现一系列融合创新的新领域、新的业态和新趋势。主要体现在两个方面，如表3-3所示。

表3-3 新一代信息技术重构传统制造业定制化产业链

事项	内容
催生企业间新的生产组织	从传统的生产组织看，制造业主要是由区域集群为主的合作模式组成较为单一封闭的供应链，并采取大批量的单一生产方式。而新一代信息技术的应用把不同的制造商和供应商紧密联系起来，整合企业间的优势资源，满足个性化定制需求；同时，新型生产组织还通过云平台、供应链整合、协同制造等使不同环节的企业间实现信息共享，并通过协同，加强产业链的合作，使各环节集中发挥核心优势。目前，新型的生产组织主要有网络制造、分布式制造、个性化定制和众包四种，随着技术与应用的发展，还将出现新的组织形式

续表

事项	内容
重构生产者与消费者的关系	传统制造业是供给导向的模式，生产者以产定销，规模生产；而新一代信息技术正在驱动着企业与消费者关系从供给导向向需求导向的转变。随着消费者对定制化的热衷，一些公司利用先进技术以更精确的方式应对消费者的需求，以提供更大的客户价值。当前，主要的定制化技术有社交技术、在线互动产品配置程序、3D 扫描和塑模、推荐引擎、动态计价的智能运算法则、企业制造软件和灵活生产系统七大类。利用这些技术应对大规模产品个性化定制浪潮，可以让新技术的力量获得更充分的利用，精确地为消费者以有效率的方式服务

总之，新一代信息技术已经渗透和影响着生产制造业的各个环节，此外还为生产制造业带来了整个产业链重构。这仅仅是开始，颠覆还将继续。

中国智造融合新一代信息技术的两大密码：创新和协同

新一代信息技术与制造业深度融合，正在引发着一场产业变革。金融危机以来，一些发达国家纷纷实施“再工业化”，重塑制造业竞争优势。而一些发展中国家也加快了步伐谋划和布局，积极参与到全球产业再分工中去。因此，中国制造业将面临“双向挤压”的严峻挑战。为此，中国正全面实施“中国制造2025”，且主攻方向正是智能制造，为的就是推动制造业提速增质、由大变强。伴随着工业化和信息化的融合，发展成长中的中国“智造”有两大密码：创新、协同。

◎ 密码之一：创新

中国经济转型的重点、难点在制造业，出路也在制造业。从2015年确定的46个智能制造试点示范项目的情况看，中国制造的智能化改造之路，其背后使用的是中国的软、硬件标准，这对摆脱对发达国家技术升级的路径依赖尤为重要。

作为中国中部工业基地，三一重工总部所在的长沙市，在中国发布《中国制造 2025》行动纲要三个月后，就推出了《长沙智能制造三年 2015—2018 行动计划》。

三一重工位于湖南长沙的 18 号厂房，是亚洲最大的智能化制造车间。三一重工总裁向文波说："我们不能沿着别人走过的老路再走一遍。"的确，创新能力是三一发展的首要动力，如今三一已拥有 6000 多项专利。

另外，三一集团 18 号厂房生产线上有一辆泵车的"黑盒子"，如果把整台泵车想象成一部手机，那"黑盒子"就相当于手机的控制芯片。此前，中国类似控制芯片全部依靠进口，但三一从起步起就坚持最底层的硬件和软件都自己研发制造，只有这样，才能从根上超越竞争对手。

三一集团高级副总裁贺东东说："我们一直坚持自主创新的道路。""别看这里只有两条生产线、十二个工位，高峰的时候，这两条线每年产值超过 100 亿元人民币。"

国家地方联合工程研究中心是衔接国家和省级工程研究中心的重要创新平台，属国家创新体系建设的重要组成部分。2017 年 5 月，辽宁忠旺集团申报的"航空和轨道交通用铝材加工技术国家地方联合工程研究中心"正式获得发改委批准。这是辽宁忠旺集团继国家级企业技术中心之后所获批建设的又一国家级研发平台。辽宁忠旺集团相关负责人表示，集团申报成功的这一研究中心，将围绕国家"中国制造 2025"和"一带一路"的发展战略，瞄准国际轨道交通和航空用铝材市场需求，建设国内一流的高端铝材产品技术研发平台和产业化基地。

多年来，辽宁忠旺集团持续加大技术研发力度，逐年增加研发资金投入。大手笔的研发投入，为辽宁忠旺集团夯实了技术根基，让其在科研创新、产品升级上，有一支高效的研发团队，并积累了丰富的经验。正是多年的积累，奠定了辽宁忠旺集团雄厚的技术实力，从而成为其领先全球铝加工行业的重要保证。2015 年，辽宁忠旺集团共开发 100 余项新产品，获得 13 项国家及省市级科技和新产品奖，完成专利申请 93 项。同时，辽宁忠旺集团还获得了许多行业的多项全球认证资质，如铁路、汽车、船舶、航空，以及进入挪威船级社国际认证、欧洲铁路行业协会的 IRIS 体系认证等，为其高、精、尖产品走向国际市场打下良好基础。可以说，是雄厚的技术支撑，让辽宁忠旺集团在激烈的竞争中占有了领跑优势。

◎ 密码之二：协同

在“互联网+”时代，基于互联网的新一代信息技术正在成为驱动制造业产业变革的核心力量，如物联网、云计算、大数据等。“互联网+”协同制造强调充分利用互联网技术及理念，促使制造企业、用户、智能设备、全球设计资源，以及全产业全价值链之间的互联互通与高效协同。也就是强调制造企业利用互联网加强企业内外部、企业之间以及产业链各环节之间的协同化和网络化发展。当然，更多的是发挥互联网的优势，促进制造业加速转型升级，以及提升我国制造业的核心竞争力。

中国的智能制造工程坚持的原则之一，是“企业主体、协同创新”。中国工业和信息化部部长苗圩接受记者采访时曾说：“很多技术靠一个企业很难突破，要把它组合起来。”

在《中国制造2025》规划中，包括了对智能制造三个阶段的表述：首先是数字化，然后是网络化，最终达到智能化。根据规划，到2020年，中国制造业重点领域智能化水平显著提升，试点示范项目运营成本降低30%，产品生产周期缩短30%，不良品率降低30%。到2025年，制造业重点领域全面实现智能化，试点示范项目运营成本降低50%，产品生产周期缩短50%，不良品率降低50%。

《中国制造2025》规划落地以后，首个国家级制造业创新中心在北京成立——中国首个动力电池创新中心，其被誉为“动力电池创新国家队”。苗圩说，工信部下一步还将推动增材制造、工业机器人创新中心和省级创新中心建设，到2020年建立15个左右国家级创新中心，吸引行业内的更多骨干企业参与投资和建设，激发科研人才的积极性，从而解决行业面临的共性技术问题。

湖南省委常委、长沙市委书记易炼红说：“智能制造只有落实到成百上千的企业中，才能真正形成生产力、竞争力。”为大力解决企业协同创新问题，长沙成立了推动智能制造的顶层机构“长沙智能制造研究总院”，以此整合高等院校、科研院所和工业企业在智能制造技术领域的优势。而在湖北武汉光谷，协同发展、优势共享的红利已经显现，光电子信息产业、生物产业、节能环保产业和高端装备制造业等特色产业集群已经崛起，比如：全球最大的光通信研发基地和全球最大的光纤光缆研发生产基地坐落在这里；生物质气化合成液体燃料技术等一批全球领先的技术在这里诞生。2015 年，光谷的专利申请量达 1. 58 万件，主导创制国际标准 12 项，国家标准 300 多项。

工业云平台：制造的网络化、智能化、服务化和协同化

在《国务院关于积极推进“互联网+”行动的指导意见》中指出，将在重点领域推进智能制造、大规模个性化定制、网络化协同制造和服务型制造，打造一批网络化协同制造公共服务平台，加快形成制造业网络化产业生态体系。工业云的完善和发展，将重点依托新型制造模式来实现；而智能制造、大规模个性化定制、网络化协同制造和服务型制造也将借助工业云平台来实现制造的网络化、智能化、服务化和协同化。

◎ 工业云与智能制造

工业云是智能制造的信息中枢，是智能制造的实现基础。同时，智能制造又能促进工业云门类的丰富，形成更为完善的、丰富的工业云应用市场。

基于新一代信息技术，智能制造贯穿设计、生产、管理、服务等制造活动的各个环节，是具有信息深度自感知、智慧优化自决策、

精准控制自执行等功能的先进制造过程、系统与模式的总称。

智能制造的特征为：具有以智能工厂为载体、以关键制造环节智能化为核心、以端到端数据流为基础，并以网络互联，有效缩短产品研制周期、降低运营成本、提高生产效率、提升产品质量及降低资源能源消耗。

基于云计算多种架构重新设计或重构工业领域相关软件，工业云以适应智能制造在设计和制造等细分环节的需求。具体来说，有两方面：一方面，工业云建立起先进的生产控制、营销、资源供应和价值创新机制，将各种生产制造的资源虚拟化，为智能制造做平台级重要支撑；另一方面，通过设计协同、制造协同、供应链协同、服务协同等，再利用工业云实现在企业内部或不同企业间的信息共享和业务协同，如产品开发、生产制造和经营管理等，从而真正实现智能制造。

◎ 工业云与大规模个性化定制

大规模个性化定制有品种多、个性化、专业化、网络化、柔性化和效率高等特点，能够快速灵活地生产产品，或提供服务满足客户的个性化需求。比如，大规模个性化定制模式会以用户或订单为中心，根据产品总体结构或者原型，结合个性化需求完成产品的设计和生产制造。大规模个性化定制应用通常需要强大的信息系统和计算能力去处理复杂多样化的问题，也可依托于工业云的技术和服务响应速度，有力降低成本压力和扩散难度。如工业云可以为大规模个性化定制应用提供必要的技术支持环境，能够轻松实现大规模定制企业与客户互动，以及企业之间或企业内部的共享与协作。

此外，工业云在提供低廉的基础设施成本的同时，还具备更高的性能、灵活性和扩展性。工业云的设计生产，以及丰富的人机交互能力和虚拟物件展示能力，使得企业在产品尚未制造出来以前，就可实现用户对产品的体验并反馈意见，再根据用户的特殊需求，进行产品最终设计。

◎ 工业云与网络协同制造

随着新的服务模式和业态在全行业推广，将有效改善我国制造企业目前普遍存在的生产效率、创新能力低和成本高等问题。

基于网络制造、全球制造和敏捷制造的生产模式，网络协同制造采用互联网技术，建立了一个灵活有效、互惠互利的动态企业联盟，有效实现了研究、设计、生产和销售各种资源的重组，并提高了企业的市场快速反应和竞争能力。

与此同时，网络协同制造打破了时间和地域的约束，实现了动态资源调配与协同运行，可最大限度地缩短新品上市的时间和生产周期，快速响应客户需求，提高设计和生产的柔性。

利用云化和细化的设计、生产和销售环节，工业云打破了各企业以及企业内部固守的传统分配格局，为新的登云用户提供了更加平等的生态环境，以及增加供给和优化企业布局，更有效地将局部优势转换为整体优势。

因此，工业云是网络协同制造的前提。另外，在工业云能够动态地实现全系统、全生命周期和全方位的互联、互通和协同的同时，网络协同制造可以为云服务企业提供敏捷化的、动态协同管理能力，实现多主体按需动态构建工业云服务，并帮助工业云参与方实现业务协同运作中的有机融合与无缝集成。

◎ 工业云与服务型制造

服务型制造可建立制造基地或业务流程外包，实现制造价值链中利益相关者价值增值，降低企业制造成本和增强产业竞争力，进而有利于提高全要素生产率、产品附加值和市场占有率。

另外，服务型制造将物理资源或虚拟资源进行服务化封装，对封装的服务进行建模和描述并发布到云平台，提供生产性服务和服务性生产，实现分散化制造资源的整合和企业核心竞争力的高效利用，使得以传统产品制造为核心的模式向以提供服务为核心的模式转变。

而工业云因对产品全生命周期管理的全面介入，可以有效地对产品全生命周期进行追踪和反馈，从而构成服务型制造的本质。

因此，依托工业云形成的追踪反馈双向链条是服务型制造的关键所在，其关键点有两个方面：一方面，工业云服务按需获取的使用模式，改变了生产制造长期以来面向生产、面向设备、面向订单和面向资源等的形态，将用户的需求放在产业价值链的首端，实现了真正的面向服务、面向需求的生产制造。这种转变是实现生产型企业向服务型企业转变、实现资源优化配置，以及提高资源利用率的关键；另一方面，服务型制造企业可以利用工业云提供的服务化技术对生产制造资源和能力进行重新封装和组合，形成制造过程所需要的设计、仿真、生产加工、管理和集成等服务，从而为用户提供优质廉价、按需获取的服务，以及能提高制造系统的开放性、互操作性、敏捷性和集成能力，从而进一步有效节约企业运维成本，提升用户体验，大幅拓展产品的价值空间。

◎ 工业云与云制造

云制造是一种基于网络的、面向服务的智能制造新模式，它融合发展了现有信息化制造（信息化设计、生产、试验、仿真、管理、集成）技术与云计算，物联网、服务计算、智能科学等新兴信息技术，将各类制造资源和制造能力虚拟化、服务化，构成制造资源和制造能力的服务池，并进行统一、集中的优化管理和经营，从而让用户通过网络和制造，随时随地地按需获取制造资源与制造能力的服务，进而智能地完成其产品全生命周期的各类活动。另外，云制造也是实施工业云的一种智造模式和手段，其在促进企业创新驱动和转型升级方面拥有巨大优势。

工业云以公共服务平台为载体，通过虚拟化、服务化和协同化汇聚分布、异构的制造资源和制造能力，在制造全生命周期各个阶段根据用户需求提供优质、及时、低成本的服务，实现制造需求和社会化制造资源高质、高效的对接。

一方面，工业云在存储海量数据的硬件资源和配置可处理海量数据的软件环境的基础上，定位于实现底层工业设施互联并建立起互联网平台，其主要特征包括制造资源和能力的高度集成和共享、面向网络的制造和按需提供服务。另一方面，工业云与云制造两者相互促进、相辅相成。工业云为云制造提供了底层的技术支撑，云平台企业和用户利用开放的相关接口和权限，通过工业云平台可获得供需撮合、资源共享、能力协同等全方位和全生命周期的工业服务；而云制造帮助企业打造面向生产制造的动态协作网络，实现生产制造业务过程的柔性重组、自动衔接和全局优化，向用户提供最优质的社会化加工、检测等设备，帮助生产制造企业释放产能，并提高生产加工资源利用率。

◎ 工业云与工业集成

工业企业生产模式发展的主要方向是智能制造、大规模个性化定制、网络协同制造、服务型制造和云制造等新型制造模式。这些制造模式的发展具有复杂性和系统性，它们既涉及设计、生产、物流、销售、服务等产品全生命周期的产业链协作，又涉及执行设备层、控制层、管理层、企业层和协同层等企业内部集成。简单来说，就是实现新的制造模式，需要实现制造业产业链企业间的横向集成、企业内部业务的纵向集成和基于用户价值链的端到端的集成。

工业云提供了工业领域所需的各种业务能力服务，这部分服务既涉及企业间的协同合作，也涉及企业内部各业务单元的高效协作。工业云将帮助工业实现了三大集成，助力工业企业的转型升级，如表3－4所示。

表 3－4 工业云三大集成

事项	内容
横向集成	横向集成是产业链企业之间通过价值链以及信息网络实现的一种资源整合，其能在不同的企业间实现信息共享和业务协同。比如：能为实现各企业间的无缝合作提供实时产品与服务；能推动企业间研产供销、经营管理与生产控制、业务与财务全流程的无缝衔接和综合集成；能实现产品开发、生产制造、经营管理等。基于产品价值网络，工业云以优化资源配置和增强要素流动为目标，提供了贯穿产品的全生命周期的业务能力服务，促进了不同企业之间开展形式多样的合作。此外，工业云还为实现横向集成提供了面向行业或地域内的企业间的生产协同服务和供应链协同服务
纵向集成	纵向集成是企业内部业务流程的集成，贯穿企业内部管理、运行、控制以及现场多个层级，是实现柔性生产、绿色生产的途径。工业云提供的典型应用有：工业数据集成服务和工业系统集成服务等。 工业云所提供的工业企业内部所需工业软件及相关集成服务，贯穿企业内部各个业务单元，使企业能够高效运行；基于工业物联技术，工业数据集成服务实现了工厂内不同层级的硬件设备，从最小的嵌入设备和基础元器件开始，到感知设备、制造设备、制造单元和生产线，相互间的互联互通，构建了“可测可控、可产可管”的纵向集成环境。可以说，工业系统集成服务消除了企业内部信息孤岛，实现了不同业务流程及系统间的有机集成
端到端集成	端到端集成可以是企业内部的纵向集成，可以是产业链中的横向集成，也可以是两者的交互融合。基于满足用户需求的价值链的集成，端到端集成是实现个性化定制服务的根本途径

工业云提供了实现从用户需求、订单、产品设计、生产制造、物流配送和使用维护等的以满足用户需求为目标的全生命周期的管理和服务。同时，工业云的端到端典型应用，为个性化定制服务奠定了坚实的基础。

第四章

工业物联网：制造业定制化、智能化的神经系统

物联网信息技术可以运用到制造企业生产实践中的许多方面，如供应链管理、生产管理、设备监控管理、环保监测、安全生产管理。这些应用将有助于制造企业的定制化生产，实现制造升级。

物联网产业链八大环节与供应商全景

物联网产业链八大环节与供应商包括：芯片提供商、传感器供应商、无线模组（含天线）厂商、网络运营商（含 SIM 卡商）、系统及软件开发商、平台服务商、智能硬件厂商、系统集成及应用服务提供商。这八大环节与供应商构成了物联网产业链的一幅全景图。

◎ 物联网芯片供应商：提供“大脑”功能

芯片是物联网的“大脑”，是物联网所有环节中必不可少的关键部件之一。芯片最显著的特点是低功耗和高可靠性。

依据芯片功能的不同，物联网产业中所需的芯片一般是大规模定制 U/SoC 形式，包括集成在传感器、无线模组中，也包括嵌入在终端设备中，提供“大脑”功能的系统芯片——嵌入式微处理器。

传统的国际半导体巨头有 ARM、英特尔、高通、联发科、飞思卡尔、德州仪器、意法半导体等；国内主要厂商包括华为海思、展讯、北京君正、全志科技、北斗星通、通富微电、华天科技、力源信息、润欣科技等。

物联网应用的蓬勃发展，为市场带来了新一轮的无线通信技术商机，越来越多的芯片厂商开始厉兵秣马，加快了芯片技术的研发，以卡位物联网市场。如今，国内一些厂商已经从特定细分领域入手，如芯片设计、制造、封测等，并逐步缩小与国外厂商的技术差距。

◎ 传感器供应商：塑造物联网的“五官”

传感器是物联网的“五官”，是用于采集各类信息并转换为特定信号的器件，本质上是一种检测装置，可以采集身份标识、运动状态、地理位置、姿态、压力、温度、湿度、光线、声音和气味等信息。广义的传感器包含了传统意义上的敏感元器件、RFID、条形、条形码、二维码、雷达、摄像头、读卡器和红外感应元件等。

传感器行业由来已久，目前来说，我国传感器市场中70%左右的份额被外资企业占据，我国本土企业市场份额较小，具有代表性的企业有汉威电子、歌尔股份、高德红外、耐威科技、华工科技、远望谷等。

所以说，现在的传感器行业份额主要由美国、日本、德国的几家龙头公司主导，如博世、意法半导体、德州仪器、霍尼韦尔、飞思卡尔、英飞凌、飞利浦、楼氏电子等。

◎ 无线模组厂商：实现联网和定位的“关键”

无线模组是物联网接入网络和定位的关键设备。其可以分为两大类：通信模组和定位模组。常见的局域网技术有 WiFi、蓝牙、Zig

Bee 等，常见的广域网技术主要有工作于授权频段的 2/3/4G、NB－IoT 和非授权频段的 LoRa、Sig Fox 等技术。其中，NB－IoT、LoRa、Sig Fox 属于低功耗广域网（LPWA）技术，它们具有覆盖广、成本低、功耗小等特点，是专门针对物联网的应用场景开发的。

目前来说，在无线模组方面，国外企业仍占据主导地位，包括 Telit、Sierra Wireless 等。当然，国内厂商在无线模组方面也比较成熟，能够提供完整的产品及解决方案，包括模组厂商华为、中兴通讯、环旭电子、移远通信、芯讯通、中移物联网公司、上海庆科、利尔达、博鹏发、天线厂商信维通、硕贝德、北斗星通等。

◎ 网络运营商：掌控物联网的“通道”

网络是物联的通道，也是目前物联网产业链中最成熟的环节。从广义上来讲，物联网的网络是指各种通信网与互联网形成的融合网络，包括蜂窝网、局域自组网、专网等，因此涉及通信设备、通信网络（接入网、核心网业务）、SIM 制造等。

考虑到物联网在很大程度上可以复用现有的电信运营商网络（有线宽带网、2/3/4G 移动网络等），同时国内基础电信运营商是目前国内物联网发展的最重要推动者，具有垄断特征，因此我们在这个环节将聚焦三大电信运营商和与之紧密相关的 SIM 卡制造商身上，如东信和平、恒宝股份、天喻信息等。

◎ 系统及软件开发商：打造物联网的“动脉”

物联网的系统及软件包括操作系统、应用软件等，其中操作系统（Operating System，OS）是管理和控制物联网硬件和软件资源的程序，类似智能手机的IOS、Android，是直接运行在“裸机”上的最基本的系统软件，其他应用软件都需要在操作系统的支持下才能运行。

目前，发布物联网操作系统的主要有谷歌、微软、苹果、华为、阿里等之类的一些IT巨头。目前物联网仍处于发展阶段，应用软件开发还处于起步阶段，主要集中在车联网、智能家居、终端安全等通用性较强的领域，如盛路通信、海尔、启明星辰等。

◎ 平台服务商：完善物联网的“有效管理”

平台是实现物联网营销管理的基础。物联网平台作为设备汇聚、应用服务和数据分析的重要环节，既要向下实现对终端的“管、控、营”，还要向上为应用开发、服务提供及系统集成提供PssS服务。

根据平台功能的不同，物联网平台可分为三种类型，如表4－1所示。

表4－1　物联网平台三种类型

事　项	内　　容
设备管理平台	主要用于对物联网终端设备进行远程监控、系统升级、软件升级、故障排查和生命周期管理等功能，所有设备的数据均可以储存在云端
连接管理平台	主要用于保障终端联网通道的稳定、网络资源用量的管理、资源管理、账单管理、套餐变更、号码和IP地址资源的管理等
应用开发平台	主要是为IoT开发者提供应用开发工具和后台技术支持服务，包括中间件、业务逻辑引擎、API接口、交互界面等。此外，还提供高扩展的数据、实战数据处理、智能预测离线数据分析、数据可视化展示应用等，让开发者无须考虑底层的细节问题，快速进行开发、部署和管理，从而缩短时间、降低成本

就平台企业而言，国外厂商有 Jasper、Wyless、机智云等。国内的物联网平台企业主要有三类厂商：一是三大电信运营商，主要从搭建连接顾客平台方面入手；二是 BAT、京东等互联网巨头，主要搭建设备管理和应用开发平台；三是在各自细分领域的平台厂商，如宜通世纪、和而泰、上海庆科等。

◎ 智能硬件厂商：提供物联网的“终端承载”

智能硬件是物联网的承载终端，是指集成了传感器件和通信功能，可接入物联网并实现特定功能或服务的设备。如果按照购买的用户来划分，可分为 ToB 类和 ToC 类：ToB 类包括表计类（智能水表、智能燃气表、智能电表、工业监控检测仪表等）、车载前装类（车机）、工业设备及公共服务监测设备等；ToC 类主要指消费电子，如可穿戴设备、智能家居等。

鉴于物联网极为丰富的应用场景，终端类型多，在此仅列举一些 ToB 类、市场需求较大且该类终端生产企业相对集中的厂商，如三川智慧、新天科技、汉威电子。

◎ 系统集成及应用服务提供商：物联网应用落地的“实施者”

所谓系统集成，就是根据一个复杂的信息系统或子系统的要求，把多种产品和技术验明并接入一个整的解决方案的过程。系统集成及应用服务是物联网部署实施与实现应用的重要环节。目前来说，主流的系统集成做法有两大类：设备系统集成和应用系统集成。

物联网的系统集成一般面向大型客户或垂直行业，并以提供综合解决方案形式为主，如政府部门、水务公司、燃气公司、热力公司、石油钢铁企业等。

面对物联网的复杂应用环境和不同领域的设备，系统集成商可以帮助客户解决各类设备、子系统间的接口、协议、系统平台、应用软件等与子系统以及建筑环境、施工配合、组织管理和人员配备相关的问题，确保其可以得到最合适的解决方案。

目前，国内相关的系统集成及应用服务提供商包括华为、中兴、星网锐捷、捷顺科技、远望谷、国脉科技、亿阳信通、东土科技、华威电子和晶科技等。

值得一提的是，在上述各环节与供应商中，电信行业具有全程全网的特点，各个电信运营商的网络种类、网络铺设范围和网络建设重点各不相同，一个电信运营商在开展一项业务时，不可避免地要与其他运营商进行合作，网间互联互通直接关系到电信运营企业的业务开展范围和质量，作为竞争对手的运营商也应该包括在电信产业链上。

此外，随着电信技术向信息技术的转变，在技术融合的背景下促生业务融合，其他行业信息化的开展与电信业呈现越来越多的交叉领域，其他行业也可以看作是产业链的特殊组成部分。

物联网信息技术在制造企业供应链管理中的运用

在很大程度上，物联网的发展原理和机制实现了传统企业供应链流程，以及传统管理手段的创新和变革，建立了创新的企业供应链管理模式。由此，物联网信息技术对企业供应链管理及其发展具有极其重要的意义。

◎ 物联网信息技术对企业供应链管理的影响

在企业供应链中，物联网能实现供应链系统管理人员准确追踪和定位任意供应链环节中的任意物品，最大限度地实现了企业的透明供应链管理和供应链各环节的高度集成，同时也提高了供应链的整体管理效率，如表 4 – 2 所示。

表 4 – 2　物联网信息技术对供应链管理的影响

事　项	内　　容
提高管理效率	管理过程优化企业供应链的管理由“物—人—物”的模式转变为“物—物”的模式，通过物与物的直接“沟通”，在很大程度上减少了对员工的依赖，实现了供应链管理过程的

续表

事　项	内　　容
提高管理效率	优化，提高了整个供应链的运营效率，同时也建立了实时跟踪、监控的货物管理体系，降低了人工出错率
建立信息共享体系	供应链管理的目标之一是实现信息同步化和信息共享。一旦信息在整个供应链中同步，供应链上的参与者都能符合顾客需求的变动，进而形成同步运作。物联网技术对供应链中流动的物品进行跟踪，同时向所有参与者实时传送数据，减少了信息失真。快速的信息传输速度，能够让参与的企业更及时、准确地预测需求变化，有效降低企业的库存
建立可视化的物流管理体系	供应链可视化以物联网为基础，为物联网络中的每一个“物品”贴上标签，标签里包含该物品的所有互用性信息，让任何一个人员都能够追溯产品的成分、加工过程，甚至是这些成分的来源。这种价值信息链，通过互联网在企业内部信息共享和交换，实现了供应链的可视化管理。另外，可靠的“物品”信息在企业外部共享时，能保证产品的质量，并帮助企业实施品牌化战略
满足个性化的发展需求	随着市场的发展，顾客的个性化需求越来越多。为了满足这种需求，企业则必须加快反应速度，保证敏捷的生产和柔性加工。但是这样的生产方式，容易增加管理成本

◎ 物联网在制造企业供应链管理中各个环节的应用和影响

在供应链管理过程中，物联网技术的应用和影响体现在采购、仓储、运输、生产、配送、售后、报关报验等各个环节。下面，我们来具体看一看。

第一，采购环节。产品质量的高低不仅取决于采购原材料的好坏，还有原材料供应商的选择。后者能给制造企业的生产成本造成很大的影响。如原材料的成本直接影响到产品的价格，而产品价格的高低是企业能否提升消费者中的市场占有率，提高客户让渡价值的重要影响因素。相关调查结果显示，以日本为代表的发达制造业的采购支出是其生产成本投入的53%。由此可见，想要降低企业的生产成本在人力支出、生产制造环节和销售环节的成本降低都不明显，甚至会影响到企业的管理运营。

如今，物联网相关技术的运用能够在建立供应链企业信息平台的基础上，实现信息共享性和透明度的提高，并实现采购环节的智能化运作，如表4－3所示。

表4－3 物联网信息技术在制造企业供应链管理采购环节的具体措施

事 项	内 容
建立采购环节的智能化	企业在采购环节开始时，首先，制定原材料需求分析，将物联网技术运用于供应链企业的信息平台，提高其智能化水平，从而节省人力、物力。其次，根据当前的物料需求计划及生产运营情况，自动制订需求计划；最后，通过智能化的供应链管理信息平台搜集的供应商提供的产品信息，以及系统对多家供应商的历史交易记录生成信用评价等级，提供给材料采购者作为参考。同时，智能化的供应链管理信息平台要依据事先制定的程序规则，制订出原材料采购的初步计划，且要有益于企业决策
提高供应商之间的合作关系	集成了物联网技术的智能型供应链管理信息平台，能够实现多家供应商的相互协调，显著改善企业之间的合作关系；实现供应链内部信息的高度透明化，有利于各个供应商企业提供最新的产品信息和最优惠的产品报价；能够充分利用自身优势，公平竞争，有效避免因上下游企业之间信息沟通不畅而导致结盟的现象。总而言之，智能型的供应链管理信息平台，有利于形成供应企业的相互协调机制，不仅保证了采购商的利益，而且能够促进上下游企业之间的合作伙伴关系的建立，让双方从竞争走向共赢
面向采购环节的实时监控	由于物联网有对采购环节的实时监控的能力，即在供应链的上游企业订单下达后，供应商必须尽快将原材料的详细实时信息以及运输追踪，发布在智能化的供应链管理信息平台上供

续表

事项	内容
面向采购环节的实时监控	采购商查看监督。与此同时，这些信息也将被产品的最终使用客户访问查看，有效提高客户的售后增值服务以及客户让渡价值。当出现特殊情况时，方便政府相关监管部门进行监督。特别需要提及的是，有些特殊物品如药品对仓储以及运输时的温度、湿度、压力等外部条件有很高的要求。在此方面，物联网的信息采集和共享的优势十分明显，方便了在供应链管理系统中的各个节点企业查看并且有利于对这些条件环境的监控改善。此外，由于智能化供应链管理信息平台发布传递信息的及时性可以保证供应商在意外情况发生时，能够以最快速度做出反应，进而减少突发状况，避免给企业带来损失

供应链管理中原材料采购环节关键的三个方面是：价格、质量和时间。与传统的采购相比，物联网环境下的供应链采购在这三方面都有一定的改进。将物联网应用于制造企业的采购环节后，使供应链企业的采购流程得到改善，如企业通过物联网技术参与的供应链管理信息平台，可以降低生产成本（原材料成本）、保证产品质量和面向客户需求的及时生产，大大提高了企业的市场竞争力。

采购环节的供应链管理流程，如图 4－1 所示。

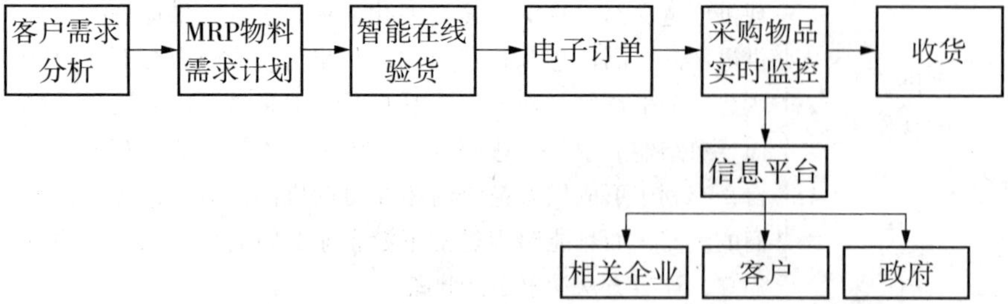

图 4－1　制造企业运用物联网进行供应链管理之采购管理流程

第二，仓储环节。物联网在制造企业仓储环节的应用主要体现在三方面：实时监控、RFID 标签的定位功能和传感器技术运用。这三方面能够实现对仓储环境和仓储货物的实时监控；对仓储环境的监控体现在能对环境的温度、湿度、承重压力等进行控制；更好地按照不同货物的特殊要求存放物品。与此同时，还能够实现对火灾的有效监控。当发生火灾后，仓库内的温度传感器能在第一时间发现温度变化，并且启动报警器。

另外，物联网的应用能让供应链上下游企业之间的信息沟通变得更加透明，仓储信息实现供应链企业间的共享，能够有效激活供应链节点。根据上下游企业的实际需求变化，企业可以预测自己的采购计划和生产计划。具体来说，处于上游的供应商能够根据下游企业的实际需求，结合自身产品优势和企业信誉度，更好地、有针对性地对下游企业提供原材料供给。而处在供应链下游的企业，也能够根据物联网仓储信息平台合理安排自己的安全库存。

可以说，信息的共享度提高有利于企业规避不确定因素，以免让企业出现安全库存量过大的风险，从而真正达到节省库存费用的目的。一般而言，库存费用占库存物品价值的三成。

对于降低库存成本来说，减少库存意义非常重大。物联网库存信息共享平台的运用，以及对货物材料信息获取的准确性、实时性、完整性，加上物联网强大的智能化操作，使得供应链企业能够第一时间识别缺货信号，进行智能补货，保证供应链企业在降低安全库存的前提下能够及时补货。

因此，供应链企业和上游供应商需要建立协调机制，共同协调规划预测补货，从而使供应链企业之间加强沟通响应，减少库存成本，提升整个供应链的管理效率以及节点企业利润。针对分布在不同地域上的库存调配问题，物联网也能起到一定的库间协同机制的配合。例如：物联网可以根据货物的入库信息，以及详细的产品属性，优先移出即将过期的产品；针对不同地区市场货物的调配问题，物联网也可以根据就近原则进行补货、配货等。

仓储环节的供应链管理流程，如图4－2所示。

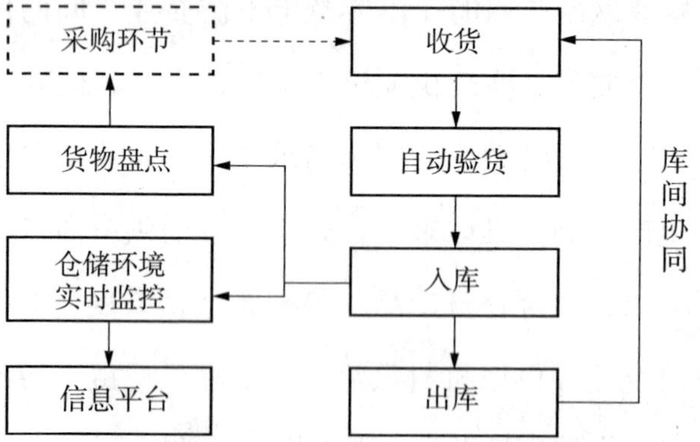

图4－2　制造企业运用物联网进行供应链管理之仓储管理流程

第三，运输环节。物联网运用于制造企业供应链管理中运输环节的作用主要体现在两个方面：一是自动制定运输方案；二是运输过程中的有效监控，如表4－4所示。

表4－4　物联网运用于制造企业供应链管理中运输环节的作用

事　项	内　　容
自动制定运输方案	在运输环节的物联网技术包括无线通信设备、射频识别技术、全球定位系统GPS装置、传感器设备等。将所有参与运输的车辆、货物信息都通过RFID标签识别，扫描输入物联网信息系统，作为基础数据资料保存。首先运输部门将运单指令要求输入物联网信息系统，系统会根据目的地信息、车辆信息、货物信息自动制定最优的车辆安排、路线选择及生成预计到达时间等，供运输管

续表

事项	内容
自动制定运输方案	理人员选择。在方案得到确认后，系统会自动将运输指令传送至车辆和相应的货物送达地仓库，以便车辆在第一时间装货，目的地顾客可以合理安排接货时间等。物联网运用于供应链的运输环节即以最小的人力投入实现运输环节的自动化。与此同时，GPS装置结合物联网信息共享平台，能够使相关人员实时监控车辆的运输情况和货物的实时位置。一旦出现意外，如路况不确定和车辆的故障等突发情况，物联网运输信息系统就能够及时调整运输方案，保证货物安全快捷地到达目的地
运输过程中的有效监控	对于运输环节的实时监控，能够有效确定车辆位置和货物情况，并且第一时间发现异常，方便相关部门进行突发事故的处理。对于货物信息追踪采集，其能够判断货物的即时位置，并通过与基础数据库信息对比分析，对于偷盗或者遗失的货物及时发现异常并报请处理。此外，传感器装置能够及时搜集货物所处环境的温度、湿度、压力状况等信息，这对于对环境要求较高的特殊货物，如药品、生鲜食品等，都具有很大的作用。最后将在运输环节的信息搜集并且储存起来，能够为下一次的运输方案选择做基础数据资料

运输环节的供应链管理流程，如图 4－3 所示。

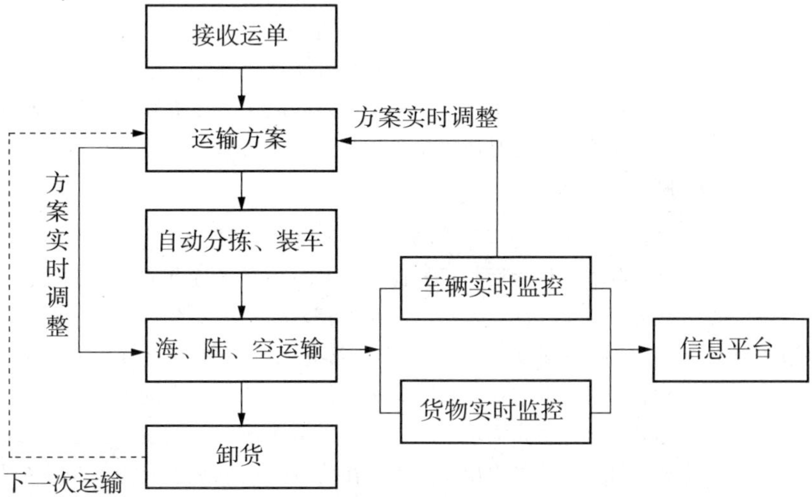

图 4－3 制造企业运用物联网进行供应链管理之运输管理流程

第四，生产环节。物联网对制造企业供应链生产加工环节的影响主要表现在四个方面，如表4－5所示。

表4－5 物联网对制造企业供应链生产环节的主要影响

事项	内容
产品测试虚拟化	制造企业的生产环节首先由产品设计开始。经过设计之后，设计师需要对产品进行一系列的测试，以保证产品质量和产品品质。并且，一件产品的成功设计不是一蹴而就的，可能要经过多次试验。如果在每次试验中都采取实物产品的试验，这就意味着将会花费大量物力、财力，且延长了产品的设计周期。而企业面对激烈的市场竞争，只有缩短产品设计生产周期才是企业立于不败之地的重要因素。物联网与工业设计、模拟仿真、模拟测试等技术结合，可以提高效率，减少不必要的实物浪费，缩短产品设计开发时间
生产线运作自动化	物联网应用于生产线运作的关键技术有RFID射频识别、电子标签，可以大大提高生产线的自动化运作水平。关键技术的运用，能够实现在整个生产线上识别与跟踪原材料、零部件、半成品和成品的全部生产流程。此外，通过物联网智能化信息系统的强大运算功能进行采集信息分析，有效实现产品质量监控，从而降低出错率。即使出现了什么差错，系统也能够及时发现，追溯差错环节，并及时整改，从而降低了人力成本的投入，以及产品的不合格报废成本，提高生产环节的效率和生产效益。 物联网的另一个关键应用，是能够实时监控生产线上的每一个环节，通过射频识别、产品电子标签的应用，搜集到所有物品的实时情况，简化产品质量检验过程。质检员可以直接从企业的物联网查找信息
制造业生产个性化	制造业作为企业门类中的一类典型企业，涉及人们生活的方方面面。随着人们生活水平的提高，客户的需求逐渐向个性化、差异化方面发展。面向客户个性化的需求生产是大势所趋，因此传统的以制造企业为核心的供应链管理已经不能适应市场需求的变化，现在的制造业越来越向小批量、个性化生产的方式转化。制造企业面向客户需求推动的供应链管理模式对制造企业生产线的机动性、灵活性提出了要求。在传统的小批量生产中，制造企业普遍要面临这样的问题：由于各个批次产品相关参数变化幅度较

续表

事项	内容
制造业生产个性化	小，容易引起人为因素导致的产品生产错误；由于生产时间短，工作人员不能及时发现生产线中的错误；在调整产品类型时，设备的调试需要花费大量时间等问题。物联网的应用使得制造业的发展冲破阻碍。针对以上问题，通过物联网的自动设置，能够有效避免人为因素的错误发生。物联网对生产线的实时监控能实现在第一时间发现问题，纠正差错。物联网通过对生产设备的自动调整，不仅节省了人力、时间而且能够避免人为因素的出错，还对企业提高生产效率有积极影响
设备管理智能化	物联网的应用能够使生产企业进行设备的智能化管理，通过 RFID 技术、传感技术、信息通信技术等搜集生产设备的各方面参数性能变化情况，这些信息有助于企业进行设备的优化管理，提高产能。此外，企业相关人员还可以根据物联网所提供的生产设备信息，进行设备的维修保养管理等工作，从而大大节省了人力成本和时间成本

第五，配送/分销/零售环节。物联网在供应链的配送/分销/零售环节的应用，能够实现对分销商的管理，有效规避窜货现象的发生。这个方面，对提高企业的供应链管理水平有着重要的作用，如表 4-6 所示。

表 4-6　物联网在供应链的配送/分销/零售环节的应用及作用

事项	内容
实现了敏捷化服务	由于实现了供应链相关企业的信息共享平台机制，在分销零售环节的相关企业可以将商品的出售情况和库存情况信息进行共享，方便供应链上游的供应企业根据市场需求量的变化进行自助下单、完成补货。而当供应商向分销商出售产品时，也能够利用物联网进行电子支付
有效防止窜货现象	窜货现象的发生造成市场价格的紊乱，严重影响到生产企业的信誉和长期利益。由于物联网技术可以实现对运输信息和货物信息的实时监控，从而能够防范大批量的窜货现

续表

事　项	内　容
有效防止窜货现象	象发生。就算是在规定的配送范围内发生运输设备窜货现象，物联网系统也会自动识别，并且报请供货商及时处理。另外，也可以利用 RFID 电子标签的定位功能，在产品包装上嵌入电子条码标签，根据零售商以及最终消费者退换货、售后维修情况等统计数据和销售商的回款报表等对窜货现象进行监督

第六，售后服务。物联网运用于制造企业供应链的售后服务环节体现出的优势主要包含四个方面，如表 4－7 所示。

表 4－7　物联网运用于供应链的售后服务环节体现出的主要优势

事　项	内　容
实现产品防伪功能	物品编码技术能实现对每件产品的唯一标识，结合无线射频 RFID 技术将唯一编码标识扫描录入后台数据库。当产品进入流通环节，零售商和最终产品的消费者利用专门的标签，也能够识别查询编码真伪，即实现产品防伪
实现产品溯源功能	通过使用 RFID 技术和电子条码技术，制造企业可以将生产过程中的原材料、半成品、成品进行编码标识，并且在产品进入流通领域后，将批发商、零售商一直到最终消费者手中每一过程的详细数据信息都记录在物联网信息系统里。不论在哪一个环节出现的质量问题，都可以通过扫描电子标签，查询产品从原材料开始直到用户手中的每个环节的全部信息，准确且迅速地找出问题原因。这样不仅实现了对产品的溯源，更是起到了对伪劣产品的监督
实现产品召回	运用物联网能够实现对问题产品的召回。当供应链企业发现某个批次的产品出现质量问题后，需要召回该批次产品。传统方式下的召回，是在相关媒体发布召回产品信息的通告，然后由消费者配合，达到产品召回的最终目的。而在物联网下，产品的详细流通信息都能详细查询和调用，完全可以做到一对一的召回，对问题产品的召回实现高效和便捷。此外，对于有寿命期限的产品，可以在产品中安装智能芯片，并且与企业物联网相连，以便当产品的使用超过寿命期限后，物联网第一时间发现到期产品，并通知相关部门进行报废处理等

续表

事　项	内　　容
实现产品研发改进	物联网记录了产品在售后环节到消费者手中的使用维修的信息，以及消费者使用反馈信息，企业可以根据这些信息进行产品设计研发以改进产品质量性能，更好地满足消费者的需求。这对于企业提升客户价值有着至关重要的帮助

第七，集装箱、港口、码头、报关报检环节。用无线射频识别（RFID）技术，通过安装在出入境车辆上的RF电子卡（或RFPDA）与分布在口岸监管区域的无线射频基站群的无线信息交互，实现对出入境人、车辆、货物实施电子化管理，从而取代传统的依靠司机填写纸质《出入境车辆检验检疫监管簿》申报的管理方式，最终实现出入境车辆及货物的快进快出、大进大出。

集装箱上的电子标签可以记录固定信息，包括序列号、箱号、持箱人、箱型、尺寸等，也可以记录可改信息，如货品信息、运单号、起运港、目的港、船名航次等。具体来说，它们是这样工作的：集装箱RFID自动识别系统完成装箱数据输入、集装箱信息实时采集和自动识别；通信系统完成数据无线传输；集装箱信息管理系统完成对集装箱信息的实时处理和管理，能完成数据统计与分析，向客户提供集装箱信息查询服务。而港口集装箱管理系统可以监测、记录经过道口的集装箱、拖运车辆、事件发生时间、操作人员和集装箱堆放位置等信息。

物联网信息技术在制造企业生产过程中的应用

物联网信息技术在制造企业生产过程中的应用，关键在于借助物联网大数据分析优化制造流程。事实上，制造流程存在各种变量，如材料、流程方案、方法及设备差异，这就要求制造商采用基于可扩展平台的大数据解决方案，并能够随着业务增长和制造要求的提高而扩展。

机器数据与产量和质量密切相关，其能够为主动检测将要失去控制的流程提供重要信息。然而，使用传统方法根本无法从制造流程会产生大量数据的文件中分析、提取和存储有用信息。如果不使用大数据技术，分析、提取和存储广泛的大型数据信息则十分困难。

◎ 英特尔制造部门的物联网计划

英特尔制造部门制订了使用大数据分析服务器和物联网网关的物联网试点计划。该架构为通过数据可视化、监控和挖掘创建新型商业智能提供了全新可能。其面向大小型数据集的高级物联网制造架构，数据集包括来源于制造车间和制造网络、可供收集和聚合的各类数据。其他增强功能包括在 Hadoop 或其他类型文件系统中进行分析或在内存中进行分析以提升性能。分析结果也可通过网络商业智能层中的直观可视化功能展示给用户。

另外，该架构可以清理、提取和转换来自现有数据库的结构化数据、来自工具传感器的非结构化数据，以及来自传统设备的日志文件，并将它们整合在一个数据存储平台中。然后，运行在内部服务器（即数据存储服务器）上不同虚拟机的高级工厂应用，可以对数据进行可视化和分析。或者，用户可使用网络上的其他分析或监控应用，访问这些数据。

戴尔的紧凑型系统 PowerEdge * VRTX2 被选作内部服务器，以在私有云环境中托管大数据和分析软件。该系统包含一个 DellPowerEdgeVRTX 机箱，配备 25 块 900GB 硬盘和两台 M820 刀片式服务器，每一台服务器配备 E5 -4600 产品家族中的 4 颗英特尔®软件至强®处理器。英特尔至强处理器 E5 -4600 产品家族提供了一个成本适宜的紧凑型四路处理器解决方案，最高支持 8 个内核、20MB 末级高速（L3）缓存和 1.5TB 内存容量，且具备可快速转移数据的信道。

两台 M820 服务器可托管分析、应用软件，以及在多台虚拟机中运行的 Hadoop 节点。RedHatEnterpriseLinux * forVirtualDatacenters 操作系统为针对可扩展、完全虚拟化数据中心而设计的服务器提供了一种全面的虚拟化软件解决方案。

在实践中，英特尔通过集成面向制造物联网的大数据分析和技术，获得了一些突破性的成就和发现：通过监控和分析设备参数值，并在部件发生故障之前及时更换，减少了不必要的产能损失；通过在焊球焊接设备中消除和减少错误焊球装配情况，来降低产能损失；使用图像分析确定良品或次品等。

英特尔的试点计划预计每年可节约数百万美元，并能够带来更高的投资回报。通过利用这一机会，英特尔将能够进一步提高工厂的效率和生产力，建立出色竞争优势，包括：延长设备组件正常运行时间；最小化良品和次品错误分类（从而提高产能和生产力）；支持预测维护；减少组件故障。

此外，英特尔的制造环境和设备可以通过多种其他类型的参数、度量法、产品和设备数据（结构化和非结构化），挖掘和分析这些数据，获取新的业务价值。

◎ 物联网在制造企业中的应用场景

物联网可以在制造企业生产过程中创造很多应用场景，如表4－8所示。

表4－8　物联网在制造企业中的应用场景

事　项	内　　容
1	对于大宗物料采购或产品出厂，有计量管理（直接读取电子秤数据到相关单据），出入厂智能车辆IC卡管理提高物流效率、防作弊，出厂发货还会与财务模块集成进行信用控制
2	在生产过程，需要将DCS、PLC数据采集直接生成生产报告，并且要监控生产过程工艺参数，实现生产过程透明化
3	岗位人员可以用IC卡刷卡作为岗位考勤和岗位操作权限控制；可以配置闪灯和风鸣报警将系统异常提示给操作人员和管理者；可配置报警按钮。当岗位有异常时，可以按钮报警，并及时调度或维护人员到岗位支持

续表

事 项	内 容
4	对于流水线生产，托盘上可以配置 RFID，关键岗位有自动识别设备，可以识别托盘位置，自动匹配托盘物料对应的岗位或工序
5	借助于物联网和移动互联技术，可以把企业生产异常及时自动推送给管理者（如生产负荷异常、工艺设备运行参数异常超过一定时限、质量异常等），实现异常管理和管理自动化

物联网信息技术在制造企业设备监控管理中的应用

物联网与工厂生产设备相融合可以造就“智慧工厂”，且设备管理将会成为物联网应用落地的重要基石，支撑和保障相关技术的快速部署和有效运行。在制造企业产品设备监控管理过程中，物联网信息技术的各种传感技术与制造技术融合，可以有效地实现对产品设备操作的使用记录及设备故障诊断的远程监控。

设备管理是一个复杂的应用系统，且远远大于人口数量的联网设备。其需要进行远程控制和查询，了解设备的当前运行状况，实现更优化的设计和更好的运行效果。现如今，越来越多的企业意识到了设备管理的重要性，并在此市场逐步发力。

下面，我们来看看艾拉物联和西门子在设备管理方面的发力点和做法。

◎ 艾拉物联：端到端的物联网云平台解决方案

艾拉物联（Ayla Networks）成立于2010年，是全球领先的IoT

云平台（B2B/PaaS）服务提供商。总部位于美国加州硅谷，2014 年上半年在中国深圳成立分公司，正式进入中国 IoT 市场，其以稳定、安全、无限扩容的服务实力，助力中国硬件制造商快速开发出面向世界任何一个角落的物联网产品。

艾拉物联提供了一个端到端的物联网云平台解决方案，即从硬件设备端，到云端，再到移动应用端，硬件制造商无须复杂的设置或者二次开发，即可将自己的硬件产品连接到云端，启动大数据分析服务。

艾拉物联还与博通、高通、Marvell 科技等半导体厂商达成战略合作，将艾拉物联的云服务产品植入这些厂商的芯片模组中。硬件制造商只要使用了这些半导体厂商生产的芯片，就能连接到艾拉物联的 IoT 云平台，且并不需要耗费资源来进行软硬件设计，内置安全特性，也不需要用一个智能网关来对设备进行配置和控制。这样的便利，为硬件制造商提供了巨大的优势，能够让其快速、简单、无成本地连接到物联网平台。

艾拉物联的物联网云平台独立于连接技术，支持 WiFi、BT、BTLE、Zig Bee、Zwave、蜂窝，以及专有 Sub - GHz 协议和有线连接，实现了所有系统设备的视觉化，以及更新与运行的高效管理。

作为设备管理应用的典型代表，艾拉物联与迪森集团联手打造的物联网智能供暖产品 L1 智能壁挂炉已顺利完成量产。关于这款产品，艾拉物联联合创始人张南雄说：“艾拉物联物联网云平台克服了壁挂炉等暖通类相关产品及系统制造商面临的挑战。该类产品可集成多种技术产品，包括传感器、温度调节器、采暖器、空调设备等，还可以将这些设备集成在一起，以简化控制，最终以智能控制实现能源节约。”

◎ 西门子：不放过每一个工业现场的设备管理细节

在原子与比特融合的时代，物质就是数据。从技术层面上来说，无论是一整套设备，还是设备当中的一个元器件，都能够将相关信息收集整合到系统中。例如，通过轴承的振动频率和原始数据来判断轴承是否损坏。当发现频率变化时，轴承往往已经处于快速损坏期，对设备效率影响较大。而工业 4.0 下，其对设备管理提出了新的要求，智能轴承可以在原材料和轴承的油脂中增加相应传感器。当轴承的原材料应力变化到一定程度或者轴承油脂中金属碎片浓度达到一定值时，系统就会发出维护或者修理的提示信息，使准备和维护的时间大大提前。在精益生产中，由于设备和零件都具有信息传递能力，将会从原先发现设备问题后停止并通知人员处理的过程，转变为设备发现问题后零件和设备之间按照程序相互适应的过程。

作为工业领域的巨头，西门子自然不会放过每一个设备管理的细节，并将目光投向了工厂中遍布各个角落的 24V 控制电源。看上去，这些电源非常普通且很不起眼，但却为设备的稳定运行起到了非常关键的作用。为了监控这些电源的工作状态是否健康，做到快速诊断，避免因意外停机，西门子还发布了新一代电源系统——智能电源。

智能电源的问世，意味着可以对电源设备进行监测和管理。电源设备的运行状态、数据不仅可以被监测和评估，控制器、人机界面，还可以通过远端服务器远程监控。具体体现在四个方面：第一，智能电源可以同时设定多达 16 个电源输出，且工程师们可以在设备中将设备控制电源集中布置和管理，如简化布线等工程，尤其是易于 EMC 管理。此外，智能电源还可提升系统的稳定性。第二，所有的输出都可以被单独设定、监控并选择性关断，这样就可以避免因某个设备负载的短路或过载导致全厂停产。第三，系统可以抓取每个输出端口的电压和电流值，并且通过网络将数据传送出来，从而判断出动态的、持续的或者大量的过载状况，避免停机状况的出现。第四，电源故障的时间是可以被记录的，其可以帮助判断电网输入电源的质量。系统扩展模块可以缓冲电网电压瞬间下降，从而为对电源质量敏感的设备提供保护。

物联网信息技术在制造企业环保监测中的应用

物联网与环保设备的融合，实现了对工业生产过程中产生的各种污染源和对污染治理各环节关键指标的实时监控。而在重点排污企业排污口安装无线传感设备，不仅可以实时监测企业排污数据，还可以远程关闭排污口，避免和防止突发性的环境污染事故发生。

◎ 物联网的环境监测范围

物联网环境监测是一种预警和管控环境质量的物联网行业应用。其主要通过运用各种物联网技术，对影响环境质量因素代表值进行实时在线测定，从而确定环境质量（或污染程度）及其变化趋势。那么，其监测范围如何呢？

物联网环境监测应用主要分为：生态环境监测和污染监测。其中：生态环境监测可细分为生态环境监测、水质监测、大气监测、噪声监测、降水监测、土壤监测、电磁辐射监测、排污监控和森林植被防护等；污染监测则可细分为废气污染源监测、废水污染源监测以及固体废物在线监管等。

以大气监测为例，通常把在线监测仪器、有毒或有害气体传感器布置在污染源、人群密集或敏感地区。当某监测点大气发生异常变化时，传感器通过传感节点将数据上传至传感网，然后交给应用层程序进行处理，最后应用层程序会根据事先制定的事故应急预案执行处理。对于污染单位排放超标，物联网可通知环保执法单位、污染单位对污染事故进行处理。

而水质监测系统包括饮用水监测和水污染监测。饮用水监测是在水源处安装传感器、摄像头等设备，将水质的 pH、SO_2、铝、铁、锰、铜等指标值实时上传到水质监测中心，实现对饮用水的监测和报警；水污染监测是在污水排放单位安装污水自动分析仪器和摄像头，对污水的 CODcr、BOD5、TOC、NH_3-N、流量等指标实施实时监控，并将污染信息发送到排污单位、监测中心，对污染事故做出及时有效的处理，防止重大污染事故出现。

目前，物联网的相关技术已经应用到了污染源监控、环境在线监控和环境卫星遥感等方面，极大地提高了我国环境监测手段。

将物联网应用到环境监测中，不仅为环境管理、污染治理、防灾减灾等提供可靠信息支持，还具有支持科学研究、环境量化考评、安全保障等服务和智能化信息管理等作用。随着物联网的广泛运用，监测目标范畴也由单纯的环境信息和污染指标，扩展到环境、气候、物及人的活动方面。

◎ 环保物联网技术的应用

可以说，环保物联网是物联网技术在环保领域的一种延伸，其通过综合应用传感器、全球定位系统、视频监控、卫星遥感、红外探测射频识别等装置与技术，实时采集污染源环境质量生态等信息，构建出了全方位的、多层次的、全覆盖的生态环境监测网络，并推动了e环境信息资源高效、精准的传递；通过构建海量数据资源中心和统一的服务支撑平台，其支持污染源监控、环境质量监测监督执法及管理决策等环保业务，从而达到促进污染减排与环境风险防范，培育环保战略性新型产业，促进生态文明建设和环保事业科学发展的目的。

随着环保物联网技术的发展，近两年来，内蒙古、江苏、成都、无锡、山东等地先后被确立为国家环保物联网示范省、市，并且已经有了许多环保物联网技术的应用案例。

例如：内蒙古自治区建设了基于物联网理念的环保监控平台，在全国首次实现了对污染源自动监控、环境质量监控及环境风险监控的统一集成整合，全面提升了全区的环境监管能力；江苏省打造了基于物联网技术的“1831”生态环境监控系统，实现了对全省饮用水水源地、水环境、空气环境、辐射环境等各种环境监控要素的“全生命周期”监管。此外，还有我国在无锡部署的太湖水环境监测示范工程，山西省的污染源自动监控管理系统，正在建设中的南水北调中线工程水源地及沿线水质监测预警关键技术研究与示范工程，以及计划实施的湖南“智慧湘潭”工程等。

物联网信息技术在制造企业安全生产管理中的应用

从当前的应用情况来看，将物联网技术运用到安全生产领域，利用 RFID 技术的物联网，能有效实现对现场检查、设备安全监控、产品供应链流向、职业危害预防等监管；能够实现安全生产监管领域的“物物互联、智能感知，物物互动、智慧处置”，从而切实提高安全监管水平。

◎ 现场安全生产检查

利用物联网技术对现场进行安全生产检查，其核心是按照安全生产监督检查的工作程序和工作方法，通过实施信息整合的一体化解决方案，以国家、部委、地方和行业安全生产有关的法律法规、强制性标准等为基础，应用互联网、无线通信、数据库、多媒体影像、数据采集、掌上电脑、嵌入式软件等技术手段，实现安全生产检查过程信息采样、存储、传输、管理等各环节的全面信息化、自动化，形成一个向导型、智能化的业务体系。这样的业务体系，既能快捷地完成具体监督检查任务，又能有效地对全局进行控制管理，并最大限度地实现信息资源共享，进而提高安全监管水平和效率。

基于上述要求，利用物联网系统为安监部门现场检查提供一套全新的工作方法，解决在监管工作中的三方面问题：查什么；怎么查；查的结果如何管理。这对形成一个公平、公正、公开的安检结果具有重要的意义。

查什么，是指确定现场安全生产检查内容。生产现场安检的规范化与程序化，是整个物联网现场检查系统设计的基础。针对某一企业或工艺过程，按照安监部门对安检工作的要求，物联网系统通过掌上电脑（PDA）嵌入式软件，对企业安全生产隐患、相关设计、施工、操作规程等信息分门别类地进行统计和整合，通过嵌入式软件引导确定需检查的内容，避免检查过程中不按步骤操作或漏检的现象。

怎么查，是要确定现场工作程序及评估标准，开发现场专家系统。监督检查工作所采用的评估标准，可通过物联网系统终端掌上电脑中内嵌的一个向导型、专家型软件，帮助检查人员完成作业场所安全监管。

查的结果如何管理，其在于建立基于物联网监控信息数据远程管理系统。对安全监管信息后期管理问题，应实现分门别类的查询、统计，通过物联网系统实时接收现场监管的结果数据，并对数据及工作人员实施有效管理，使安监部门和企业的主管部门能方便、快捷地管理到每一个作业场所及每一个工作人员。系统的主要逻辑框架，如图4－4所示。

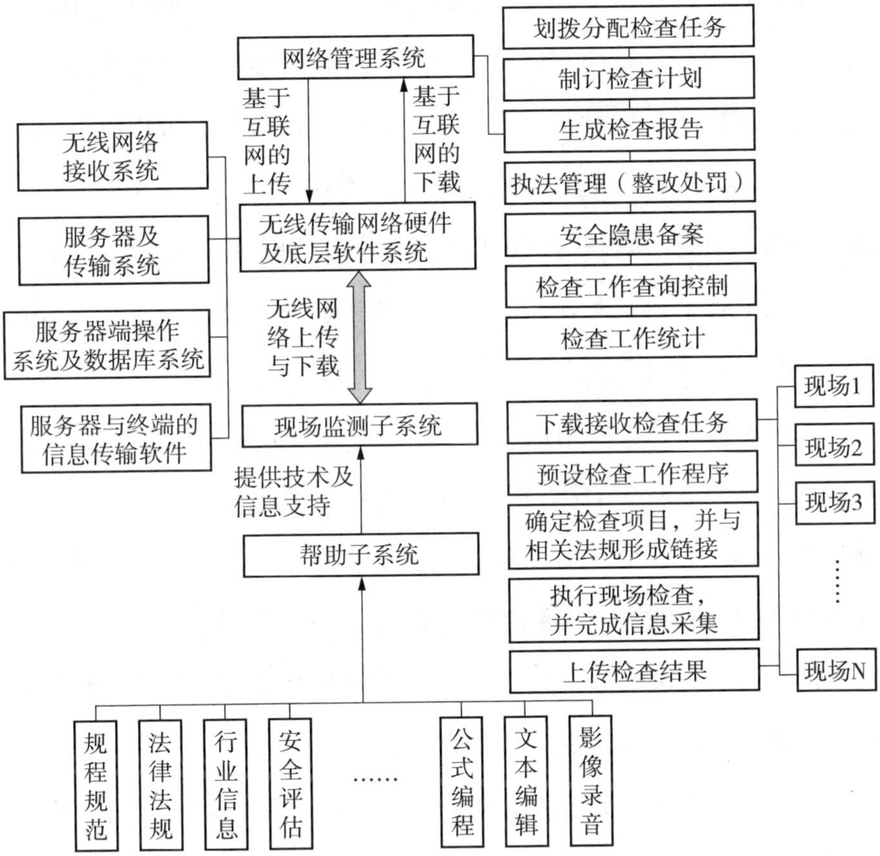

图4－4 物联网现场检查系统逻辑框图

◎ 生产过程安全监控管理

在工艺安全监控管理中，物联网技术的应用实现了生产过程智能监控、智能诊断、智能决策和智能维护，提高了过程监控、参数采集、材料消耗监测的能力。比如化工企业应用各种传感器和通信网络，其能在生产过程中对加工产品浓度、压力、温度进行实时监控，从而提高生产效率、保障工艺安全。

在设备安全监控管理中，将各种传感技术与设备运行状态进行融合，可实现对设备操作使用记录、设备故障诊断的远程监控。比如把感应器嵌入矿山设备、油气管道、化工设备中，可以感知危险环境中工作人员、设备机器、周边环境等方面的安全状态信息，将现有分散、独立、单一的网络监管平台提升为系统、开放和多元的综合网络监管平台，实现实时感知、准确辨识、快捷响应和有效控制，保障了设备安全。

把技术成熟的物联网传感技术应用于重大危险源动态监控系统，可实现对重大危险源的压力、温度、泄漏等参数进行实时感应，并能在参数到达临界情况下，自动决策处理情况，并将声光报警信号及参数数据传输到重大危险源监控中心进行核实。如果确认是事故，可立即进行政府端事故应急指挥，并监督企业采取事故调度和启动应急预案，能够有效减少人员伤亡和财产损失。同时，由于物联网系统是一个开放和多元的综合管理平台，在保障物联网信息安全的前提下，按照统一的数据传输协议及监控标准，利用无线网络，可将物联网感应节点部署到交通不便、无人监控的生产场所，能有效地解决安全监管人员力量不足的问题。

◎ 产品供应链流向的安全监管

在对危险化学品供应链流向的监管过程中，需要监控三大环节，即危化品运输、仓储和销售。利用 RFID 物联网技术，对货物识别和跟踪进行实时监控，建立危化品流向动态管理系统，能够预防事故发生，提升对危化品的安全监管水平，并保证监督、管理、控制和预防工作的及时与有效性。

在危险化学品运输环节中，通过运用物联网，可有效降低在危化品运输环节中发生事故的概率。一是借鉴并采纳国内先进的 CNG 气瓶电子标签动态监管集成系统、危化品运输车辆监控管理平台技术及实践经验，建立车载 GPS 实时监控系统；二是将全球移动通信系统（GSM）、地理信息系统（GIS）、全球定位系统（GPS）和计算机网络技术相结合，通过 GSM 无线通信功能获取移动车辆 GPS 位置和状态信息；三是利用 GSM 短信息和话音通道传达调度命令，运用 GIS 技术获取移动车辆在电子地图上的位置，对车辆进行实时管理和调度。

通过物联网技术，在危险化学品存储和销售环节，能有效帮助政府安监部门对危化品仓储、销售等环节进行实时监控，建立一个开放、多元的物联网供应链流向监控系统（见图 4 – 5），减少事故的发生。

一是借助互联网、RFID、无线数据通信等技术，实现对物品的识别与跟踪；二是在入库货物及出库货物的容器或包装箱上粘贴 RFID 标签，采用固定读写器和手持读写器联合使用，并通过 RFID 门禁系统实现收货、入库、出库过程中对出入库信息、日常库存盘点进行信息确认和实时监控；三是对于危化品成品包装小且销售量大的经营单位来说，可采用二维条码/电子标签（RFID）进行扫描，通过无线网络读出基本信息，并将危化品相关信息传输到管理系统。

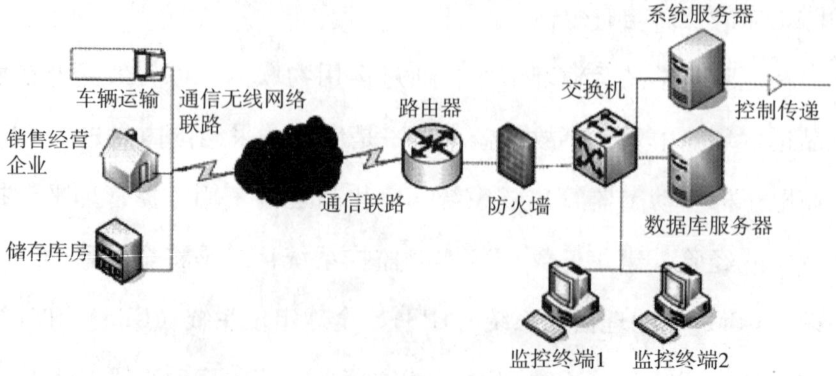

图4－5　物联网流向监控系统示意图

◎ 职业危害监管

根据职业危害监管工作，物联网可以监测工作环境的不稳定性，及时发出预警，预防粉尘、毒物、噪声的危害。比如，从职业病行业分布情况来看，电离辐射类危害因素主要存在于石油、冶金、机械加工行业；粉尘、噪声危害因素主要分布在非煤矿山、建材行业；化学类危害因素及高温主要存在于化工、石油、冶金、有色金属、制药等行业。

根据以上情况，监管有几点操作方式：一是根据企业生产工艺及作业场所特点，选择合适的传感器，通过传感技术，实时监测作业场所中的职业危害因素，根据相关职业危害检测标准及法律法规，实时监控危害因素的上限值；二是当危害因素达到或超过设定的临界值时，及时发出预警，从而将预警信息通过无线网络传输到各辖区安全监管部门存档，与此同时，作业场所内的员工也可以安全撤离；三是实施全面、系统的职业危害因素检测，协助做好职业危害登记、备案，建立职业卫生信息数据库，从而有效提高监管水平。

第五章

“大数据+工匠精神”：制造业内部优化升级的机遇

大数据和工匠精神的结合对于制造业的转型升级至关重要。大数据和工匠精神互为表里，彼此助力。驱动大数据发展的是人类不断改进数据生产、存储与处理方式，追求从更高层次上认识数据和运用数据的工匠精神；而工匠精神则需借力各种技术手段升华技艺，来达成目的。

大数据+制造业：改变运作模式，实现大规模定制

大数据会对制造业进行一场信息化的改革，为制造业带来深远的影响，即大数据+制造业=改变运作模式，实现大规模定制。

在工业4.0的概念提出后，智能化、物联网、大数据和云计算一时成为热点，受到了国内外企业的青睐。这些现象都表明了制造业需要信息化的支持，只有在智能化、信息化和数字化的维度，新一轮的工业革命才能有所突破。

◎ 改变运作模式

在工业4.0时代，通过信息物理系统（CPS）能够实现工厂/车间的设备传感和控制层的数据与企业信息系统融合，使得生产大数据传到云计算数据中心进行存储、分析，形成决策并反过来指导生产。具体而言，生产线、生产设备都将配备传感器，抓取数据，然后经过无线通信连接互联网，传输数据，对生产本身进行实时监控。而生产所产生的数据同样经过快速处理、传递，反馈至生产过程中，

将工厂升级为可以被管理和被自适应调整的智能网络，使得工业控制和管理最优化，最大限度地对有限资源进行使用，从而降低工业和资源的配置成本，使得生产过程能够高效地进行。

以往，在运行过程中，设备的自然磨损本身会使产品的品质发生一定的变化。如今，由于信息技术、物联网技术的发展，可以通过传感技术，实时感知数据，知道设备出了什么故障，哪里需要配件，使得生产过程中的这些因素能够被精确控制，真正实现生产智能化。此外，从生产能耗角度看，设备生产过程中利用传感器集中监控所有的生产流程，能够发现能耗的异常或峰值情况，能够在生产过程中不断实时优化能源消耗。同时，对所有流程的大数据进行分析，并在整体上大幅降低生产能耗。

因此，在一定程度上，工厂/车间的传感器所产生的大数据，决定了工业 4.0 所要求的智能化设备的智能水平。

◎ 实现大规模定制

大数据是制造业智能化的基础，其核心是定制平台。在制造业大规模定制中，大数据的应用包括数据采集、数据管理、订单管理、智能化制造和定制平台等。当定制数据达到一定的数量级，就可以实现对大数据的应用。通过对大数据的挖掘，实现流行预测、精准匹配、时尚管理、社交应用、营销推送等更多的应用。同时，大数据能够帮助制造业企业提升营销的针对性，降低物流和库存的成本，减少生产资源投入的风险。

可以说，智能工厂已经为最终制造业大规模定制生产做好了准备。

利用这些大数据进行分析，将会让仓储、配送、销售效率出现大幅提升、成本大幅下降，并将极大地减少库存，优化供应链。同时，可以跟踪库存和销售价格，可让制造企业节约大量的成本。具体如下：

利用销售数据、产品的传感器数据和供应商数据库的数据等大数据，制造业企业可以准确地预测全球不同市场区域的商品需求。

由于消费者人数众多，每个人需求不同，导致需求的具体信息也不同，加上需求不断变化，就构成了产品需求的大数据。而实现消费者个性化需求，一方面，需要制造企业能够生产提供符合消费者个性偏好的产品或服务；另一方面，需要互联网提供消费者的个性化定制需求。

这样一来，消费者与制造企业之间的交互和交易行为也将产生大量数据。而挖掘和分析消费者动态数据，能够帮助消费者参与到产品的需求分析和产品设计等创新活动中，为产品创新做出贡献。与此同时，制造企业对这些数据进行处理，进而传递给智能设备，进行数据挖掘、设备调整和原材料准备等步骤，如此就能生产出符合用户需求的个性化产品。

◎ 大数据构成新一代智能工厂

消费需求的个性化，要求传统制造业突破现有生产方式与制造模式，对消费需求所产生的海量数据与信息进行大数据处理与挖掘。同时，在进行这些非标准化产品生产过程中，产生的生产信息与数据也是大量的，需要及时收集、处理和分析，以反过来指导生产。

可以说，大数据构成新一代智能工厂。智能工厂中的大数据，是信息与物理世界彼此交互与融合所产生的大数据。大数据信息流最终通过互联网在智能设备之间传递，由智能设备进行分析、判断、决策、调整、控制并继续开展智能生产，生产出高品质的个性化产品。

在以往传统的制造业生产管理的信息数据基础上，通过物联网等带来的物理数据感知，形成工业 4.0 时代的生产数据的私有云，创新了制造企业的研发、生产、运营、营销和管理方式。这些创新，给制造企业带来了更快的速度、更高的效率和更敏锐的洞察力。

数据赋能全流程：直接对接消费者，实现销售协同

数据对于制造企业的全流程能起到非常积极的作用，比如：从产品设计和研发开始，如果能够直接地对接到消费者，依据对消费者的行为和消费数据进行分析，定位相应的产品设计和研发；能够依据消费者对产品的喜好和需求量，进行定向精准的市场营销，进行产品的计划和生产的排产，减少相应的库存。同时，数据对于线上线下销售的协同、对于供应链优化和管理也可以起到重要的作用。

那么，在提升对客户的服务水平方面，如何针对不同细分市场需求，进行全渠道销售的设计规划？我们一起来看下面的两个例子。

◎ 卓诗尼利用大数据拉近与消费者的距离

在传统模式下，对鞋服品牌企业来说，要想获取消费者信息反馈、明确消费者需求，往往要经历终端门店—分公司—区域平台—品牌企业几个层级。这样的过程，也就导致了信息传递滞后，内容损失严重。

而如今，大数据实现了让企业与消费者“零距离”接触。卓诗尼也因此转变了原来的模式，把消费者需求信息的获取放在产品生产之前，甚至放在研发之前。在推出新产品前，卓诗尼通过预调研和试销方式来收集消费者反馈的信息，以判断这款产品的市场潜在需求，更好地服务于消费者。

卓诗尼门店覆盖全国省市区域，通过线上、线下全渠道为消费者服务。公司销售运营会产生大量的数据以及客户信息，借助大数据分析平台，让企业零距离与消费者对接。通过对这些信息的转化，能够帮助企业了解门店的消费者购买信息，且能让企业及时对产品研发和布局进行调整，紧跟市场的动态变化。

目前，卓诗尼与国际知名软件供应商 SAP 展开战略合作，建立了完善的大数据体系，实现了从业务链条到后台部门各模块的全覆盖。

除了辅助销售外，信息技术对完善企业内部管理、规范业务流程也有非常大的帮助。企业通过对线上消费者对某款新品的点击量、消费时间和地域分布的分析，来预测这款产品在区域实体门店的销售情况，从而真正打通线上、线下渠道，实现与客户的信息融合。通过大数据平台构建，卓诗尼建了先进的信息集成数字管理系统和完整的业务运营管理体系，从根本上提升了公司的全渠道管理、商品全生命周期管理和粉丝数据管理，为打造柔性供应链和实现精准化、差异化营销奠定基础。这是温州鞋服行业一次性上线模块最多、业务覆盖最广、用户数最多的一次企业信息化建设。

因在信息化建设方面的突出表现，卓诗尼被浙江省经信委授予

2016 年省级“两化融合”试点企业称号。

◎ 玉泉酒业的销售、生产多组织业务协同

黑龙江玉泉酒业有限公司制定信息化升级改造方案时，期望解决三个问题：第一，集团多个销售公司接受订单，并向生产公司下达采购订单，生产公司向销售公司进行销售、发货业务或者直接向客户进行发货，手工处理内部往来业务极其烦琐，希望内部销售公司能与生产公司进行业务协同；第二，生产公司对供应商供应物料进行代管，消耗后进行统一结算的业务处理；第三，销售业务员经常外出处理销售业务，而库存状态查询、订单下达、销售业务执行情况需要通过电话或者邮件方式进行确认，这就导致业务处理滞后且不及时，影响销售过程。

方案实施后，这三个问题都已得到解决。其关键应用价值得以体现：第一，通过业务协同插件解决集团的销售公司、生产公司，以及销售公司与生产厂分离的多组织间内部业务的协同问题。这就解决了多组织间的业务票据多次录入问题和基础档案标准化业务协同流程化的问题。第二，为控制库存积压问题，通过 VMI 管理来降低部分物料库存。第三，高效、协同的业务控制管理。销售渠道终端销售及经销商进行订单申请等环节，均可通过移动终端完成，并可及时查询销售执行状态。这极大地提高了整个销售环节的工作效率。

此外，在制造业生产中，企业不仅要与消费者对接，还要与供应方实现对接，且要注重协同。举个例子，生产一部手机需要上百

个零部件。一般来说，手机厂商在确定生产计划后，会把生产内容发给上百个供应伙伴，要求在规定的时间生产、配送。而一家企业一天可能会产生上百张、上千张订单。而围绕订单后面的沟通、协作非常复杂。如果一张订单发生变更，其他供应商的生产时间、交货时间也会变化。如果信息流转不畅，则会让错误一级级传递和放大，最终影响生产。因此，打通制造企业上下游，形成一个互联互通的平台，对制造企业来说至关重要。其能通过生产、销售节奏的配合，提高各方交易协作的效率。

数据驱动生产和制造柔性化：信息对称化，加快周转速度

对于传统制造商来说，电子商务以及互联网所带来的用户需求呈现实时、少量、碎片化、快速翻新等特点时，其很难满足这种长尾需求。因此，生产制造的柔性化变得重要起来。

◎ 淘工厂通过数据实现供需双方信息对称化

早在淘工厂上线之前，传统加工厂中已分化出一些为电商订单服务的工厂，专门为上聚划算的订单进行一站式服务，如提供面料采购、质检检测，根据坑位销售变化快速生产，尾货纳入下一轮排期销售计划的全周期服务，而卖家只需要专注销售即可。

淘工厂上线后，将优质工厂的产能向淘宝卖家开放，并致力于推动工厂服务电商生产，解决小单测款、库存及工厂账期问题。电商卖家加工市场，订单更加碎片化，小批量、金额较小、风险较低，买卖双方更需要平台服务。淘工厂在供需信息匹配、交易支持、服

务保障，以及系统对工厂内部渗透上在不断地进行迭代进步。在淘工厂上，淘工厂为买家提供深度验厂服务、加工在线交易服务、交期保障服务，以及即将推出的品质保障服务、生产可视化工具等期货交易模式，从而满足买卖在线交易的需求。

举个简单的例子，买家打开1688进入淘工厂进行寻找，通过SGS、ITS等第三方国际机构的深度验厂报告，对工厂进行在线挑选。接着，通过旺旺和工厂进行交流，买家一般会通过旺旺发给工厂衣服图片，沟通面辅料等生产细节，这个过程大约需要2个小时；洽谈后，工厂会要求买家寄样，工厂根据寄样进行精准报价。当然了，不同的起订量会有不同的价格梯段，一般买家的订单量在100~200件左右。买家通过支付宝进行打样，打样费一般在200~300元，打样时间在2~3天，打样完成后双方对样衣进行确认，工厂开始生产大货。买家一般会下定金30%~50%用于生产采购，并用分阶段付款进行支付，工厂一般会采用平台信用额度，用极速到账来保证自己的现金流。

在交易过程中，平台推行交期和材质保障服务，工厂将交易约定发送给买家，买家输入约定码完成订单付款。合约成立，如果工厂违约则会受到平台处罚；大货生产过程中，买家可以追踪生产进度。大货生产完成后，买家支付剩余的款项。接着，工厂发货，而买家会在收到货物以后再确认收货期。一般，工厂的生产周期在7~15天。如果买家需要补单，一般会通过移动社交工具把款式、尺码、生产量发送给工厂，工厂根据备料情况在3~7天内完成补单。

淘工厂通过互联网实现了与商家需求的快速对接，通过数据联通把需求与供应之间的信息对称化，并减少了中间商环节，缩短了生产周期，降低了交易成本，加快了周转速度。

◎ ZARA 以数据为核心打造极速供应链系统

ZARA 是一个快时尚品牌，也是利用数据实现智慧供应链的例子。在大量服装企业都面临生存压力的时候，2015 年 ZARA 母公司销售额依然保持了 15.4% 的增长。其中很重要的原因，就是 ZARA 以数据为核心打造的极速供应链系统，实现了新产品的柔性化生产，通过数据的联通和协同更快更好地控制从市场调研到设计、打版、制作样衣、批量生产、运输和零售整个环节，从而在同行业的竞争者中屹立不倒，且销售额持续增长。

虽然 ZARA 不是互联网企业，但是它对用户需求的响应完全是一种互联网思维，契合消费者在互联网上的需求特点。比如，一般国际大品牌的前导时间是 120 天左右，而 ZARA 可以实现 15 天的新品供应过程。在整个过程中，它会使用线下、线上的融合数据，会利用电商平台的销售数据，也会利用线下每个门店的销售数据和对用户消费者的线上调研数据，实时反馈到公司总部，实现产品的快速迭代。目前，ZARA 一年设计的服装款式达到 1.2 万多款。这种基于数据的协同和流动实现的供应链，带动了 ZARA 总体效率的提升和库存的大幅降低。

利用大数据创新商业模式：消费者画像倒逼供给侧的多个环节

以消费者数据为基础的消费者喜好和需求画像，倒逼制造企业的产品的设计、研发、生产，以及供应链、营销等多个环节，这就是C2B的本质。C2B模式与传统的供需模式恰恰相反，这一模式改变了原有生产者（企业和机构）和消费者的关系，消费者可以根据自身需求定制产品和价格，参与到产品设计、生产和定价中，而生产企业则进行定制化生产。

索菲亚衣柜是C2B模式创新的代表。

◎ 索菲亚定制家居商业模式

索菲亚定制家居有两种商业模式：一是以消费者为中心的C2B模式；二是以经销商为主的商业模式。

在以往，家居行业的生产理念是设计出可以满足顾客需求、价格合理又美观的产品。其生产和销售过程一般是先设计，再生产，再销售。因此，家居企业在做产品时就会有一个困惑：今年这个东西好卖，明年卖什么？而 C2B 定制家居，则让家居企业摆脱了这个困惑。因为这一新的生产模式，是从消费者需求出发的，通过消费者需求来驱动设计。定制家居销售的不只是单个产品，而是近乎魔方组合的空间解决方案。

索菲亚公司主要进行产品设计、品牌建设和产品制造等商业活动，而经销商则负责产品销售。

具体而言，经销商负责上门测量、客户沟通、面对面设计等环节，索菲亚的总部负责生产，最后再由经销商上门安装。

截至 2015 年，索菲亚搭建了一个拥有 1000 多个经销商、1500 多家专卖店的渠道网络。

◎ 技术升级解决定制家居与大规模生产的矛盾

索菲亚在探索 C2B 的实践过程中，数据对于其规模化和个性化的平衡起到关键作用。索菲亚认为自己不是家具制造企业，而是一家大数据企业。索菲亚有强大的科技团队，超过 400 多人，而其中 300 多人是在做数据加工。

利用大数据提升客户体验，索菲亚提高交付效率，减少差错和库存，基本可以做到零库存水平。另外，索菲亚实施定制衣柜技术升级改造项目，开展产品生命周期管理系统（PLM）、企业资源计划系统（ERP）、客户关系管理系统（CRM）及数据挖掘与智能分析系统（BI）等建设，涵盖了公司从客户个性化衣柜的设计到根据设计方案的自动报价，再到生产工艺自动规划、排产优化、流程跟踪、物流配送与跟踪、现场安装、售后服务、采购管理、财务管理等各个环节的管理，以求真正解决衣柜定制与大规模生产的矛盾，推动行业技术进步。

目前，在研发精准化基础上，索菲亚营销的精准化也通过线上、线下数据的融合分析获得了很好的实现。通过打通线上、线下数据，其基于用户交易数据、用户行为和特征数据，以及产品和渠道数据，搭建了一个大数据平台。基于用户画像的数据化，他们也比较好地实现了研发精准化。

从数据化到智慧化：关键技术的全流程打通

真正的智能制造或工业4.0，不只是针对工业制造的某个环节的智能化，而是从用户需求端到产品供给端的全链条的智慧化，涵盖产品设计、研发、生产、供应、仓储、配送、财务、客户关系管理和营销等多个环节。

这种智慧化的基础要素就是要实现数据的全流程打通，其中，云计算、物联网、移动互联网、人工智能、机器人等都将成为数据共享、流动和融合的关键技术。

◎ 泰尔重工的可视化工厂建设

泰尔重工是"传动机械、冶金装备、智能制造"的国家火炬计划高新技术企业。它从2008开始着手基础信息化建设，并有远见地定下了从可视化工厂、数字化工厂到智能化工厂的目标，为未来尝试Hadoop结构化、分析化的大数据分析打下基础。在基础架构上，泰尔重工从网络、融合通信入手，将电话系统与IM终端打通，将服务器虚拟化，做了超融合虚拟化平台，包括所有的计算存储、资源都虚拟化了。

泰尔重工利用OA系统实现了工作流程、知识、客户和资产等管理，并与ERP、MES、一卡通等系统做高度的集成开发。其上线的PLM系统，建立了从客户需求引出的项目研发、产品设计和工艺开发，以适应产品的个性化设计，缩短开发周期。

泰尔重工通过信息系统的协助，利用MES系统构建完整的生产计划制订和生产指令发布体系，制订了合理可行的产品交付计划，建设了生产现场全覆盖的生产数据采集系统，并与生产指令发布系统无缝连接。

这些系统与业务紧密结合，利用报表软件Fine Report搭建数据可视平台，接通各系统入口，打通数据，从而实现管理可视化，提供有理有据的决策支持。

◎ 科技信息枢纽用大数据贯通全流程

由苏州工业园区科技和信息化局主导的科技信息枢纽是园区“十二五”信息化建设规划的九大枢纽之一，也是园区落实“大众创业、万众创新”，打造科技创业软环境的重要举措。利用信息化手段，通过整合政府、科技载体、孵化器、金融机构、服务机构等多方面的科技创业服务资源，按照政府和社会资源结合的“大科技”思路，为科技企业、创客、科技人才等创新创业主体提供一体化协同服务，实现科技工作的精准服务和智慧管理。利用这一平台，创业者们不仅能轻而易举地找到关心的创新创业政策和科技服务，还能随时了解项目申报进展到哪一步，非常便捷。

园区科技信息枢纽是一个名副其实的“智能秘书”：在大数据的科学归类与分析下，区域科技创新发展“一目了然”；将创业服务资源集聚，俨然一座“按需挑选”的网上超市，只需一部电脑或手机，就可以及时了解项目申报消息、实时“跟踪”项目申报进程。

针对科技项目、科技资金等核心业务，平台还搭建了类似“快递跟踪”的服务功能，原本“藏在深闺”的科技业务进展被开放出来……

在前期中小企业服务中心信息化试点的基础上，园区科技信息枢纽平台建设全线“升级”，实现了“纵横交错”的业务贯通：“纵”是指科技信息枢纽把从国家、省、市和园区在内的各级科技业务流程全部串联起来；“横”是指枢纽整合了包括政策、金融、载体、孵化器、技术、中介等在内的政府和社会服务资源。

业务贯通的基础是数据贯通，而这也是科技信息枢纽最重要的设计特点。科技信息枢纽的核心部件是科技数据中心平台，该平台归集了科技局多年来积累沉淀的企业数据，其中包括领军人才、科技载体、创业孵化器、金融机构、投资机构、技术服务机构、中介服务机构等各类信息。

在园区科技信息枢纽平台，从2007年至今的7500多家科技企业数据和1000多名领军人才数据均已入库，全方位、立体化的科技大数据中心初具规模。而从“资源换数据”到“数据换数据”的数据采集更新机制层面，园区更是做了诸多探索和创新。

现实中，已经有不少企业意识到实现数据全流程打通的重要性和必要性，且开始着手企业的数据打通管理。

红领西装：利用大数据支持制造企业定制化

通过大数据的改造，传统服企青岛红领集团有限公司（下称“红领”）在行业寒冬中获得了150%的成长。这个奇迹是如何创造出来的？下面，就让我们一起来看看他们的做法。

◎ 工业化定制

在传统概念中，定制与工业化是一对天然的反义词。定制西服往往就意味着手工，即设计西服版型，然后用廉价衣料手工制作毛坯。当客人试穿后，进行修改。如果效果不好，毛坯的制作和修改可能会再来一次。如此反复之后，说不定3个月已经过去了。

由于手工制作工序烦琐，国外西服定制一般都需要3～6个月。如按照传统模式去生产，数量庞大的定制西服，红领很难生产出来。国内某著名西服品牌一条小型定制生产线，一天产量仅5套。

而红领声名鹊起的原因，就在于解决了这一难题，其用规模工业生产满足了用户的个性化需求。其中缘由，在于他们研发出了个性化定制平台——男士正装定制领域的大型供应商平台 RCMTM（红领西服个性化定制）。这个名字看上去有点拗口，但可以让红领每天生产 1200 套西服，一套西服的制作只需 7 个工作日，且都是一次性制作完成。

在定制西服制作中，制约手工定制西服产量的关键在于打版环节，打版相当于建设楼房前的图纸设计。在一线城市中，想找到一个成熟的打版师傅，没有 1 万月薪连想都不要想。而一个成熟的打版师傅一天最多的产量也不过是两个，还会存在误差，这会导致返修率增加。如果坚持使用手工打版，每天生产 1200 多套西服的红领，至少需要 500 多个打版师傅。找到如此数量的熟练打版师傅是难以想象的，且成本也非常高。

而红领定制的这套系统，就是一套由不同体型身材尺寸集合而成的大数据处理系统。其车间生产流程的第一个环节即是 RCMTM 系统的 CAD 部门。当然了，用 CAD 打版并非红领首创，关键在于其中运行着的大数据处理系统。数十人坐在电脑前忙碌，每人在 1 秒时间内就可以处理 24 个订单，每个订单中有着多达 50 个技术细节，如输入顾客身体测量数据和细节，从而会自动生产所谓的版型。

这套系统的存在给原本处于传统制造业的红领带来了新活力。在服企饱受高库存煎熬时，红领却实现了生产、销售、利润的大幅增长。除了滚滚而来的订单和利润，红领也收获了更多的关注。

海尔集团董事局主席兼首席执行官张瑞敏在参观红领的这套系统后，对其非常认可，并让海尔集团几百名中层以上的领导分 9 批到红领学习。就连中央电视台的《新闻联播》也对其进行了 3 分多钟的报道。不仅如此，在工信部出版的《信息化和工业化深度融合干部知识读本》中，红领甚至作为典型案例被刊登于内。

◎ 大数据与量体裁衣

实际上，红领集团一开始是想买一套现成的系统，但是根本买不着，因为没人去研究这个系统。因此，他们才选择自己投钱做。没想到，这一投资能为自己带来如此大的利润。至今，红领已经投入2.6亿元，历时11年。

要建成大数据系统，最重要的东西不是硬件，而是要有海量的技术数据。如前所述，工业化生产能满足个性化需求的核心问题在于解决手工打版。简单来说，就是输入身体尺寸数据后，CAD会自动匹配最适合体型的版型。而在CAD打版过程中，根据测算，1个数据的变化会引起9666个数据的同步变化，比如肩宽1公分，身体其他部位也会相应发生变化。也正因为如此，其才能保证衣服贴身合体。所以说，如果没有大数据的辅助，打版是做不成的。

在11年前，红领集团压根不知道什么是大数据，但他们就是按照大数据的方法在做，且多年来他们一直在累积数据。至今，他们已经累积了100万万亿的数据。这种规模的数据量是否真实，曾引起某权威专家的怀疑，甚至专门来求证此事。听了红领给出的解释后，该专家也只能佩服不已了。

拥有数据之后，怎么用？也就是怎么建立模型，建立什么样的模型。对于当时的红领来说，建模型是最难的。为此，红领设立了一个100~150人规模的团队，他们先设立规则，并按规则建立数据库。当他们测试样的衣服做出来后，如果有不合适的地方，红领会再去改规则。在不停地变动规则，不停改变数据库过程中，规则一次次发生变化。例如，腰围和立裆数据关联，开始设计的规则是腰围加大立裆随之加长。但后来，他们发现这种关联是错误的。于是，规则再次发生变化。如今，这套系统仍在完善中，不过其不完善程度已经降低到万分之一，可以接受特殊残疾人及高矮胖瘦的人的定制。

此外，RCMTM 平台有两个关键优势：一是这套大数据系统解决了制版问题，但大数据制版解决后还不够，接下来是如何把版实现，一件一件衣服怎么裁，裁完以后怎么把这一件一件片儿（剪裁好的材料）分配到每条线上去；二是如何缝制、熨烫、质检、入库等。

如果是生产一样的产品，其工业化流水线作业就变得很简单了，因为所有产品基本都是相同的，流程和环节都很容易标准化。但是，定制产品是根据每个人身体数据制作的，流水线上的每件产品都不同，那么如何实现标准化？这就需要红领对生产线进行重新调整。

最初，红领把工厂当作实验室，拿出一个班组测试，然后扩展到一条流水线，再扩展到一个车间，最后扩展到两个车间、三个车间，等于用十年的时间建设了一个实验室。这个过程是艰辛的，为建设这个平台，主要负责人一年中最多除夕夜和大年初一上午休息，其他时间都在工作。在车间，主要负责人和所有工人一样有一个固定工位，天天研究工作，并且在小黑板上写写画画，告诉工人怎么做才是对的。

如今，红领大系统中包含着 20 多个子系统，完全摒弃了传统的依靠人工的方式运行，而今全部以数据来驱动运营。比如，每天系统会自动排单、自动裁剪、自动计算、整合版型等。此外，一组客户量体数据完成定制、服务全过程，无须人工转换、纸制传递、数据完全打通、实时共享传输，且能让每个员工都是在互联网终端上工作。

经过CAD部门的大数据制版后，信息会传输到布料准备部门，按照订单要求准备布料，裁剪部门会按照要求进行裁剪。按照一套西服的要求，裁剪出大小不一、色彩各异的布片，挂在一个吊挂上，同时会配一个射频识别电子标签。在接下来的几个流程中，每个工人面前都有一个识别终端，以识别射频电子标签，按照标签中顾客详细的要求进行生产，诸如里衬、扣子、袖边等技术数据。

目前，通过大数据系统和相应的工艺改变，红领实现了对传统服装企业的改造。红领的车间已经不再是简单的制造工厂，而是一个大数据下的数字化3D打印机模式企业。可以说，其每件衣服都是“打印”出来的。

工匠精神：“中国制造”实现华丽转身之魂

2016 年，李克强总理在“两会”期间的《政府工作报告》中提出“工匠精神”，鼓励企业培育精益求精的工匠精神，增品种、提品质、创品牌。可见，这是时代的呼唤，是“中国制造”实现华丽转身之魂。

◎ 工匠精神是“中国制造”之魂

《中国制造 2025》指出，制造业是国民经济的主体，是科技创新的主战场，是立国之本、兴国之器、强国之基。

技术创新和优质产品是实现中国制造华丽转身的两剂良方，而工匠精神如同“药引子”。只有引入“工匠精神”，才能使良剂良方真正发挥出自身功效，助力中国制造再创辉煌。

2015 年的劳动节，央视推出了八集的系列节目《大国工匠》，讲述了八个工匠用“八双劳动的手”所缔造的神话。这八位工匠数十年如一日地追求着职业技能的极致化，靠着传承和钻研，凭着专注和坚守，缔造了一个又一个令人震撼的“中国制造”。

科技部部长万钢在回答媒体有关“工匠精神”的提问时说：“创造品牌，要有品牌文化，要有工匠精神，使它做得更精美、更好用、更优质，另外要有创新精神，使它能够更符合市场需求，特别是潜在的需求。”

此外，他还表示，工匠精神最大的目的就是要提高产品的质量和效益，使每一个人都满意、都喜爱，这样品牌才能建立起来。

对于中国这样一个制造业大国来说，制造强国离不开工匠精神的支撑，且是需要“工匠精神”来改善现存的问题，向新的阶段进步。面对工业4.0时代的到来，让“工匠精神”深入人心，成为中国制造之魂，让中国制造升级为享誉全球的优质制造。

◎ 个人和企业家都要有工匠精神

工匠精神讲究的是精益求精、一丝不苟的精神，其中隐含着传统手艺人的专注和对完美的追求，比如瑞士的钟表制造、欧洲的奢侈品手工皮包、中国的古法酿酒工艺等。如今的“工匠精神”，不再仅仅停留在技法的层面，更多的是表现为一种职业精神和职业品质。

工匠精神落在个人层面，就是一种认真精神、敬业精神。其核心是不仅仅把工作当作赚钱养家糊口的工具，还要树立起对职业敬畏、对工作执着、对产品负责的态度，极度注重细节，不断追求完美和极致，从而带给客户一种无可挑剔的体验，并将一丝不苟、精益求精的工匠精神融入每一个环节，做出打动人心的一流产品。

工匠精神落在企业家层面，可以是企业家精神。具体而言，表现在三个方面：第一，创新是企业家精神的内核。企业家通过从产品创新到技术创新、市场创新、组织形式创新等全面创新，从创新中寻找新的商业机会，在获得创新红利之后，继续投入、促进创新，并形成良性循环。第二，敬业是企业家精神的动力。有了敬业精神，企业家才会有将全身心投入到企业中的不竭动力，才能够把创新当作自己的使命，才能使产品、企业拥有竞争力。第三，执着是企业家精神的底色。在经济处于低谷时，其他人也许选择退出，唯有企业家不会退出。

改革开放三十多年来，我国涌现出大批有胆有识、有工匠精神的企业家，但也有一些企业家缺乏企业家精神……可以说，企业家精神的下滑，才是经济发展的隐忧所在。

总的来说，我国制造业存在大而不强、产品档次整体不高、自主创新能力较弱等现象，多少与工匠精神稀缺、“差不多精神”显现有关。如果个人当然也包括企业家都具有工匠精神，那么中国制造升级为优质制造指日可待。

工匠精神与定制化：工匠精神必须是个性化的

新时代的“工匠精神”的核心不是只把工作当作赚钱的工具，而是树立一种对工作执着、对所做的事情和生产的产品精益求精、精雕细琢的态度。也就是说，“工匠精神”必须是个性化而非标准化的。

如果你想面面俱到，那有可能到最后什么都做不到。如果你抓取一个点，把它做到精致、极致，甚至是全球第一，那你就具备了工匠精神。

以大数据的信息采集和舆情监测为例，虽然有很多公司在做，但也有很多公司被洗牌，而那些能够活下来的公司都有一个相同的特点：抓取一点，做到第一。

◎ 工匠精神下的定制化要求

个性化与定制化生产是工匠精神在实际操作中的体现，其本质在于自主创新。工匠精神要求在产品的个性化、质量和档次上下功夫，要人无我有，而非千篇一律，且要追求质量，而非粗制滥造。

古语云“玉不琢，不成器”。实现产品的个性化，必须要依靠创新驱动，不断地推陈出新，才能在激烈的竞争中保持旺盛的生命力，打造自主创新品牌，提高软实力。

◎ 定制化自主创新新玩法

工匠精神不仅体现了对产品精心打造、精工制作的理念和追求，更是要不断吸收最前沿的技术，创造出新成果。对于个性化定制的产品，有的企业已率先尝试新的玩法。让我们来看下面几个例子。

案例一：个性化的电蟒 2Face 云音响

电蟒 2Face 是一款主打户外便携的音响产品。与国内大多数音响产品相比，其采用的厚织布料制作的网罩可印制多彩图案的外观十分具有优势。从 2015 年 7 月 16 日起，电蟒还率先在音响业内向所有的音乐爱好者推出 2Face 云音响的网罩定制服务，而有意向购买电蟒 2Face 的消费者可以通过该项服务，定制属于自己的专属云音响。定制的过程是这样的：消费者可通过京东和电蟒官网咨询定制。从提供素材到设计师进行设计，再到定制化生产，到最终发货，仅仅需要 7 天的时间。

虽然网罩定制看似简单，但是这背后却涉及了整个生产工序流程的优化统筹能力，十分考验电蟒公司的管理、生产、售后服务等各方面综合能力。

或许，这一次 2Face 网罩定制仅仅是电蟒在音响行业围绕产品个性化做的一次小尝试，未来电蟒会将云音响、云音乐和云系统三者有机结合，将定制个性产品、提供个性服务逐渐发展成为完整的个性化音乐生态，这才是它们的真正目的。

基于用户，了解用户，让用户介入产品，产生情感纽带，有机循环下去，才是个性定制最核心、最深远的价值。

案例二：模块化的 Soundscape 耳机

一讲到模块化定制，我们第一时间可能就会想起 Google Project Ara 模块手机。但是，Soundscape 耳机却率先通过在 Kickstarter 众筹的方式，让音乐爱好者们很好地体验了一把模块化定制带来的惊喜。

比如，Soundscape 耳机根据个人头部尺寸来适配，不仅能更换头梁，还可换头梁衬垫，并在头梁中增加了炫酷的 LED 灯光效果。Soundscape 耳机采用多种配色耳套，能完整包容耳廓，良好的隔音效果能凸显更多的声音细节，同时还有保护听力的作用。

Soundscape 还专门设计了三种不同的扬声器单元：Deep、Core 和 Pure，以针对不同的音乐类型。Deep 模式下节奏感强烈，更适合于嘻哈、舞曲等电子音乐；Pure 注重于细节，爵士、古典、民族风格的音乐有着非常不错的表现；Core 适合于流行和摇滚音乐。

此外，用户还可以连接 Spotify 的账号导入自己的音乐偏好，让 AXEL 从 1200 种组合中选择最适合自己的音乐音效，再逐一有针对性地进行定制。这样一来，喜欢不同类型音乐的用户就能用适合的耳机聆听自己喜欢的音乐了。

研发 Soundscape 耳机的 AXEL 团队认为，听音乐是一件非常主观的事情。每一个人的音乐偏好都有所不同，只有用适合的耳机来听自己喜欢的音乐，才能获得最好的音效体验，才能谈得上欣赏、满足和享受。爱交响乐的人追求细节，喜欢 hip – hop 的人强调节奏感，而偏好摇滚的人更沉溺于动感，Soundscape 耳机则希望通过模块化定制满足不同人的音乐追求。

案例三：Moto Maker 的智能穿戴定制

Moto Maker 是摩托罗拉为用户提供的在线定制平台，2015 年 5 月正式在国内上线。摩托罗拉成功地将过去单纯的购买行为变成了用户参与、用户主导、实现个性化的定制体验过程。

目前，系统提供了八种定制项目，即后盖、前板、镶边、内存、刻字、保护套、开机问候、壁纸。国内的用户可以在 Moto Maker 平台上，设计属于自己个性化的、专属的 MotoX 智能手机。

用户定制完成后，Moto Maker 系统将根据定制的复杂程度计算出送达时间，一般为 1 ~ 2 周；而在美国，Moto Maker 还特别推出 Moto360 的在线定制服务。和 MotoX 手机定制相类似，Moto360 允许用户针对智能手表的外壳、表带和表盘界面进行个性化搭配。并通过参与到手机的设计过程中来，让用户体验一回当设计师的感觉。

第六章

金融创新：新型资本为工业定制化插上翅膀

制造企业要敢于和善于运用金融工具，通过金融创新来支持制造企业定制化。此外，还应充分发挥金融创新的推动作用，诸如多元化金融创新、互联网金融创新和建立共享金融平台等。

工业 4.0 时代的两大驱动力：技术创新和资本市场

实际上，从工业 1.0 到工业 4.0，金融资本与生产资本在技术革命的不同阶段都有着不同的规律。而在工业 4.0 时代，技术创新和金融资本将扮演着核心驱动力的作用。

◎ 技术创新仍然是第一驱动力

迄今为止，三次工业革命都具有某种技术上的特征。如工业 1.0 以机械化为特征；工业 2.0 和工业 3.0 分别以电气化和信息化为标志；工业 4.0，则以 CPS（信息物理融合系统）为核心。通俗来讲，工业 4.0 是以虚拟世界与物理世界融合在一起为标准的。不管怎么样，在工业 1.0、工业 2.0 和工业 3.0，以及工业 4.0 的发展历史中，技术创新都扮演着非常重要的，且不可被替代的角色。

面向第四次工业革命，独立研究机构工业 4.0 研究院把工业 4.0 时代的三大技术特征简称为三个高度：高度自动化、高度信息化和高度网络化。

网络化是工业4.0独有的特征，这实际上就是互联网技术在工业领域的应用。在工业4.0时代，以CPS技术为核心的新工业价值生态将呈现新的价值创造场景，智能产品、智能制造及智能服务可能会成为新的工业制造图景，这跟只发生在车间边界内传统的生产制造印象迥然不同。

另外，工业4.0时代的三大技术特征将成为新的技术标准，而还停留在工业2.0或工业3.0阶段的企业，一定要加速进行自动化和信息化改造，并加速技术创新。

我们一起来看下面这个例子。

位于佛山的维尚家具制造有限公司前身是一家软件公司，通过大数据探索和智能技术的创新，其实现了“打造无人工厂”和“零库存”的目标，并建造了对标工业4.0的制造车间——繁多的家具板件在生产线上穿梭传递，每一个家具板件都拥有一个条形码。在系统的自动控制下，它们有条不紊地在生产线上被加工着。

实际上，维尚只是佛山制造业通过技术创新进行转型升级的一个缩影。在佛山，隶属高耗能、高污染的门窗行业的亿合门窗科技公司为实现无污染生产，也在积极改进环保设备，其生产的富含环保和科技理念的门窗也受到了顾客青睐；在一汽—大众佛山工厂内，一条条自动化的生产线衔接默契，一台台汽车逐渐打造成型，为数不多的技术工人仅参与了调试、检测等工序。

如今，佛山已经拥有全国多个“单打冠军”或“隐形冠军”企业，涉及家电、陶瓷、纺织等多个行业。

当“汗水经济”逐渐转向“智慧经济”的背景下，一批创新能力强、辐射带动能力大的骨干企业纷纷涌现。与此同时，一批“小众领袖”不断向“专精尖新特”方向提升。

不仅如此，佛山还致力于搭建创新平台和载体，最大限度地寻求合力，集中力量攻坚克难。

以佛山高新区为例，其成功引进佛山智能装备技术研究院等研发机构，建成了清华力合科技园等创新创业平台，并集聚了多个孵化器、众创空间和工程技术研发中心。

对此，佛山高新区管委会的一位领导说：“科创小镇群概念意味着每个小镇的功能不是割裂而是有机结合，更注重功能互补、协同发展，未来将共同集聚创新资源，转化创新成果，以培育壮大一批战略性新兴产业。”

◎ 金融资本驱动工业 4.0 快速实现

工业 4.0 研究院院长、首席经济学家胡权在《第四次工业革命：高度网络化的新工业革命》一书中说过，在工业革命发生的历史中，企业家精神是一直存在的，有研究认为，促使企业家精神出现的力量在很大程度上是有金融资本在支撑其不断创新，通过创新的产品和服务占据市场，获得新的消费者，从而实现超额利润的获取。事实上，全球化带来的各种资本进入中国市场，给了中国制造一展身手的机会。如果没有全球大量的逐利的生产和金融资本进入，中国制造不太可能在短短三十年就走过工业国家几百年走过的历史。

英国演化经济学家卡萝塔·佩蕾丝在《技术革命与金融资本》一书中，分析了技术变革与金融资本的关系。卡萝塔·佩蕾丝认为，金融资本一直伴随着每次技术革命，工业 4.0 时代金融资本即将跟技术革命进行“恋爱”，成为重要的驱动力。不仅如此，卡萝塔·佩蕾丝还分析了技术革命产生的时候，金融资本一般是疯狂的，因为现在的投入可能带来很大的回报，会促使资本家冒险进行投资。

按照卡萝塔·佩蕾丝对技术革命与金融资本关系的分析，当投资泡沫发生之后，金融资本将与生产资本进一步结合，这一次它们的合作将更加紧密，共同推动企业的产品及服务贴近市场，获取直接的销售回报，因为到了这个阶段，技术的商业价值已经得到证实，资本的回报风险也大大降低。

目前，我们还处于工业 4.0 时代的初期，也就是工业 4.0 技术应用的大爆炸的前期，虽然有大量的金融资本不断介入，但生产资本还比较缺乏，技术的应用模式还没有得到很好的证实，这需要真正具有远见的企业家做出英明决断，找到适合自己的发展方向。只有这样，才有可能把握工业 4.0 时代的发展机会。

在工业 4.0 时代，我们需要以技术和资本两大核心为驱动力，它们在工业 4.0 的演进过程中会扮演非常重要的角色。更重要的是，技术和资本的有机结合，可能会改变目前的制造行业和互联网领域的竞争格局，给真正理解工业 4.0 时代规律的企业以新的力量。

我们一起来看下面的例子。

民营加工制造企业宝涞精工已经与多家海内外融资租赁公司进行合作，先后做了 27 单融资租赁业务，融资 6000 多万元。随着业务越做越大，身价越来越高，其目前正在筹备上市。

大约在十年前，宝涞精工完成了第一单融资租赁业务，是用来购置数控机床、加工中心的，一共耗资611万元。对宝涞精工来说，融资租赁除了能盘活其流动资金，操作起来也比从银行贷款更便捷省心，租赁合同一签就是3年、5年甚至8年；而如果从银行贷款，一般只能做1年以内的流贷，这就会逼着企业不得不反复倒贷。不仅如此，在看重抵质押物的银行眼里，中小企业购买的设备不能被抵押，这也逼着他们更加亲近租赁公司，毕竟后者更看重企业的成长性和销售合同。

让宝涞人自豪的是，他们能做很多加工制造企业做不了的零部件，而且品质非常好，信用也极佳。也正是因为如此，客户都愿意跟他们做生意，其客户群也像滚雪球一样越滚越大，订单越来越多。

虽然宝涞精工身处略显偏僻的村野，但其从来没有为订单发过愁。慢慢地，宝涞精工需要经常升级设备。因为有订单在手，它就能通过融资租赁公司“以租代买”更新设备。就这样，宝涞精工先后得到了日本三井住友、星展银行、台湾仲利国际、万向租赁等多家租赁公司的支持。

有了先进的设备，企业的产能和产品品种也能得到进一步提升，并获得更多的客户和更多的订单，如此就形成了良性循环。

宝涞精工“小升高”“弱转强”的经历，告诉其他企业：就像房贷这种金融手段盘活了中国住房市场、帮助亿万家庭提前实现安居梦一样，敢用善用融资租赁等金融力量，同样可以为中小企业的发展插上腾飞的翅膀。眼下，企业正处于上市培训期，准备问鼎“新三板”，下一步进军主板。

“中国制造2025”，多元化金融创新支持必不可少

为了引导金融“活水”流向制造业，人民银行、工业和信息化部、银监会、证监会、保监会于2017年3月29日联合印发了《关于金融支持制造强国建设的指导意见》（银发〔2017〕58号，以下简称《意见》），提出要紧紧围绕“中国制造2025”战略的重点领域和关键任务，积极拓宽技术密集型和中小型制造企业的多元化融资渠道。《意见》提出了七条意见：第一，高度重视和持续改进对制造强国建设的金融支持和服务；第二，积极发展和完善支持制造强国建设的多元化金融组织体系；第三，创新发展符合制造业特点的信贷管理体制和金融产品体系；第四，大力发展多层次资本市场，加强对制造强国建设的资金支持；第五，发挥保险市场作用，助推制造业转型升级；第六，拓宽融资渠道，积极支持制造企业“走出去”；第七，加强政策协调和组织保障。紧扣《中国制造2025》战略纲要，决定为支持制造业强国建设打造多元化金融组织体系和金融产品体系，创新符合制造业特点的信贷管理体制，为制造企业量

身定制多层次融资渠道。

限于篇幅，下面仅对其中的第二条和第三条做详细的解读。

◎ 积极发展和完善支持制造强国建设的多元化金融组织体系

《意见》第二条指出，要积极发展和完善支持制造强国建设的多元化金融组织体系。充分发挥银行机构的差异化优势，形成金融服务协同效应。各类银行机构要充分发挥差异化优势，形成金融服务协同效应；通过设立先进制造业融资事业部、科技金融专营机构等，提升金融服务专业化、精细化水平。积极支持符合条件的金融机构和制造企业通过控股、参股等方式，发起设立金融租赁公司。整合、动员多种金融资源，支持制造业发展。鼓励创业投资基金、产业投资基金投向先进基础工艺等领域重点项目。

科技大学金融管理学院金融系主任刘澄表示："不仅包括银行的资金，也包括我们创业资本的基金、各种产业基金，包括担保、扶持等，各类金融机构发挥各自的优势，形成共同的合力，强化对这些企业的扶持力度。这也符合国家金融改革的发展方向，从单纯的间接金融向间接金融和直接金融并举的方向发展，加大金融全方位的支持力度。"

通江投资集团董事长张保国也对此表达了自己的观点："目前，金融机构在信贷管理模式、金融创新能力上与制造业的需求特征仍存在不相适应的情况，各金融机构也亟待创新服务，加强对制造业科技创新、转型升级的金融支持。我们也是认识到这个问题，决定采取错位竞争策略。围绕此策略布局，我们做得更纵深，与金融机构相比更懂产业，同时与产业企业相比，我们更会运作金融工具。”

目前，已有超过30个城市向各级工信主管单位提出了“中国制造2025”试点示范城市的申请，还有多地正在组织编写“中国制造2025”试点示范城市实施方案。根据工信部的工作安排，2017年“中国制造2025”试点示范城市将持续扩围，计划有20～30个城市成为“中国制造2025”试点示范城市。下一步，“中国制造2025”试点示范城市的遴选，将同时考虑东、中、西部和东北地区等不同区域的城市分布，涵盖老工业基地、创新型城市、资源型城市等不同城市发展类型。未来，试点示范城市将覆盖全国各个地区。

◎ 创新发展符合制造业特点的信贷管理体制和金融产品体系

《意见》第三条强调，要创新发展符合制造业特点的信贷管理体制和金融产品体系。鼓励金融机构依托制造业产业链核心企业，大力发展产业链金融产品和服务，有效满足产业链上下游企业的融资需求。

对此，联想集团董事长杨元庆发表了自己的看法：“很多中小企业都是像我们这种大企业的上下游企业，我们和这些企业有长期做生意的记录，可以发展供应链或者是上下游这样一些金融，把资金用到真正的实体经济方面。”

通江投资集团董事长张保国也表示：“金融对于制造业的助力，需要注重形成产业链条上的协同效应。比如消费型制造业为龙头的生产制造流通业，是通江投资集团在产业投资领域的三大主营业务之一，我们会选择围绕这一产业做纵深链条投资，重塑产融关系、促进‘横 + 纵’式产业链整合模式，全面助力该产业的发展。”

制造业是国民经济的支柱，是科技创新的主战场，是立国之本、兴国之器、强国之机。制造业作为实体经济的主体，金融则为运行主体的血脉，二者相辅相成，缺一不可。

这次“一行一部三会”出台的意见，有助于改变传统的融资方式，对实现“中国制造 2025”、制造业的转型发展具有重要意义。

互联网金融的个性化、定制化服务

互联网金融是智能化和远程化的个性化、定制化服务。客户不仅要购买金融服务及金融产品，还要主动地参与金融产品和金融服务的设计，根据自己的个性化需求设计各具特色的金融定制化产品。同时，这种金融服务与金融产品没有时间和空间上的限制。

目前，市场主流的互联网金融模式有六种：第三方支付、P2P贷款模式、阿里小贷模式、众筹融资、互联网整合销售金融产品（即余额宝模式）和互联网货币。这六种模式改变的不仅仅是人们的理财方式，更是整个金融行业传统业务的模式。比如银行的传统借贷业务、理财产品发售等，都受到这些新型互联网金融模式的冲击。

◎ 互联网金融的个性化服务

现在，我们已经进入到信息迅速集合爆炸的时代。比如：一条微博能引起成千上万的转发；发生在世界任何一个角落的事情，在短短的几分钟或一秒钟便可以在网上得知；每个人都可以发表言论，极大地体现着言论自由。而这自由背后，表现出的便是“个性至上”，也就是我们平时说的“个性化”。创意性、定制性，成为互联网时代吸引目光的重要元素。

由于互联网金融的个性化与互联网紧密相连，互联网金融行业也是一样，用户在成百上千的平台中进行自由选择。

在互联网金融行业中，不再需要与严肃的金融机构打交道，而是人与人之间的真诚和贴心相处。在产品业务端，利用互联网大数据的优势，将客户群体有效分类，并按其需求提供个性化与创新性服务。这也是互联网金融平台走向“个性化”的秘诀所在。例如，在淘宝理财和保险这些平台上，客户能通过网络查询、了解和购买各种理财以及保险产品。与原来的线下购买相比，网络理财、保险能及时根据客户的个性化需求，提供不同的产品组合，且信息透明，门槛也相对降低。

◎ 互联网金融的定制化服务

互联网金融在提供供应链金融服务、快速匹配有差异化需求的资金和资产直接对接等方面，有着明显的独特优势。在企业理财领域，由于要发挥互联网快捷、定制化这一优势，所以能为每个不同企业客户提供定制化的产品，从而更好地满足不同机构的不同期限、投向及收益率的要求。

例如，91 金融与银行等金融机构深入合作，积累了丰厚的金融用户数据库以及金融产品数据库。同时，也由前端的营销通道业务向后端的金融交易及产品业务涉及，与银行合作发行金融产品，为企业提供定制化服务等。

此外，91金融打造的金融生态系统，解决了传统金融体系流动性和风险控制的问题，让金融需求对接更精准、流动性更快。以合理的金融资产定价，有效的风险控制，帮助中小企业、传统金融机构更加高效地实现金融交易，促成了金融体系的繁荣，以及促进实体经济的昌盛。

再如，思贝克用互联网模式，结合金融科技的应用，真正地解决了金融机构放款难、精准度不高的难题，也解决了中小企业融资难、融资贵的难题，重建了中国工业和金融的生态。

思贝克工业品平台，以B2B交易为入口，供应商和采购商通过思贝克进行交易产生了资金流、信息流、物流、票据流四流合一的闭环交易大数据，辅以金融监管仓——云仓的实时动态的监管，用金融科技手段对企业进行画像，以大数据建立了风控模型，实现线上放款，为金融机构资金进入中小企业提供了安全、便捷的通道。

建立共享金融大平台，设计定制化金融服务产品

随着网络平台的兴起、科技的深化、消费观念的转变，共享经济逐步发展成一种新型的经济模式，这使得很多领域都趋于共享式发展。

而作为经济内容的重要组成部分，为实现服务实体经济的本质，共享金融也应运而生。

◎ 共享经济催生共享金融

宽带传输技术、移动互联技术、云计算、大数据甚至是分布式、区块链技术的广泛应用，使得人们进入了一个万事万物互联、随时随地互联的新时代。这种互联互通的时代，打破了传统工业社会分工越细、专业化越强的社会结构，开始形成产业链垂直整合或横向开放形成产业链、生态圈甚至生态面的格局，并拉近价值创造者和价值需求者、资源拥有者和需求者——供求双方信息的直接距离，提升生产、资源利用等领域的效率。而这，也正在催生共享经济以

及与之相适应的共享金融。

共享经济即开放式经济，简单来说，就是将科技潮流、协同共享模式联系起来。其特点可以概括为：协作式消费、个人对个人交易、临时工经济以及开放式经济。

共享金融是一种适应后工业时代和消费者主权社会的金融模式。共享金融本质上是整合优化线下金融资源，实现供求双方直接交易。

随着“共享金融”概念的深入，互联网时代带来了长期的、深层的金融模式变化，与互联网金融、金融市场化、普惠金融、金融服务实体等金融功能变革。可以说，全世界都在讨论共享经济，金融是经济的一部分，同时也能支持经济发展。正如共享经济的特征是协作、民主、共享、开放一样，共享金融的特征也是协作、民主、共享与开放。

◎ 建立共享金融大平台

共享金融需要一个平台，在这方面，很多企业正在进行积极的探索。

2015 年 4 月，中智综合性互联网金融信息服务平台成立，自成立之初就致力于搭建一个系统化的服务平台，为资产端和资金端客户提供完善的基础设施服务，构建以资源共享、要素共享、利益共享为特征的金融模式，并通过技术手段实现了信息、信用和需求的共享，让各种各样多元化基于需求的金融产品，可以更加有效地进行配置。比如：将借款需求和投资需求进行匹配，促成个人与个人、个人与企业之间的借贷需求；通过技术手段打破了传统金融时间、空间的信息不对称；实现信息、资产、数据的共享，让金融变得更简单，从而将社会闲散资金的作用发挥到极限。

2016年4月19日，SF互联网数字共享金融理财平台中国区试运营。该平台由全球共享金融领域顶级专家联合发起，致力于为全球参与者提供一个诚信、创新、感恩和共赢的互联网数字金融理财平台。

顺应“互联网+”的发展趋势，经过不断的探索创新，SF互联网数字共享金融理财平台已经建立了完整的品牌化、专业化和规模化的战略方针，并结合行业特点，建立了强大数据库，打造了一个互联网金融+虚拟币+加密数字货币+ODO国际电商为主体的产业链平台，形成SF共享金融独特优势，真正实现了人人参与、人人共享、人人互联的产业新形态。

本着以生活共享、财富共享、商业共享为主导的平台发展方向，SF互联网数字共享金融理财平台以生活共享为基点，财富共享为力量，数字资产商业共享为核心，打造利益共同体、价值共同体和商业共同体的全球互联网数字金融综合经济体。

2017年年初，积交所全球实体积分互联网交易平台项目说明发布会召开，积交所平台决策者结合国内外经济走势及金融发展趋势，总结了各类交易平台的发展历程和成功经验，对积交所所承载的价值进行了整合，为大众创业、万众创新形势下的投资者、企业家指点迷津。

在这次说明发布会上，为革新传统商业模式，汇聚了最新商业模式的创新，以“先试先行”为切入点，开启积交所在实体积分金融时代的创新之旅。积交所平台将打通管带，整合资源，充分发挥海南经济特区的优势及优化政策，抓住互联网浪潮下的历史机遇，通过网络的互联互通，打造了一条“网上丝绸”之路。

◎ 设计定制化金融服务产品

共享金融平台只有设计出定制化金融服务产品，才能发挥平台作用，更好地为用户服务。比如，通过开放接口、提供金融服务解决方案等手段连接客户，实现“互联网+”；并依托引流数据精准营销，挖掘需求盲点，紧抓需求痛点，实现数据共享、服务共享。

例如，2014年11月20日，互联网金融搜索平台融360推出定制化金融服务产品“金融易”，实现了贷款、信用卡、理财等金融产品的一站式搜索。同时，为提高贷款成功率，拟于年内开设18家“贷款便利店”。融360创始人叶大清说：“电子商务平台创造了中国零售业的神话，目前正在颠覆传统金融业。”

“金融易”可以实现人和钱的有效连接，实现金融领域的互联互通。“金融易”将根据网站用户的特性，对搜索服务进行定制化调整。例如，将房贷类金融产品主要推荐给房地产网站用户。申请人只需一次性递交申请材料，融360即可根据风险管控体系选择金融机构，最终成功拿到贷款。

再如，上海首家民营银行华瑞银行的“生态圈”银行向同业、客户，以及金融服务第三方等开放接口，凭借提供综合金融产品极限SDK（软件工具包）和定制API功能，不仅直接服务终端客户需求，还为企业尤其是小微企业提供综合金融解决方案，助力其服务自身的终端客户，打造了一个多维度、多层次和多触角的开放式平台。

极限 SDK 产品是国内首款聚合金融服务能力于一体的综合化、开放型金融服务产品，其中包括账户、支付、投资、融资、数据、企业服务等。该产品在嵌入企业 APP 后，APP 的使用者即可申请相关的金融服务，且不需要跳转到银行页面。极限 SDK 可简单快速地植入各企业的应用 APP 中，在该 APP 中，租客可通过华瑞银行直接付房租，且可以申请华瑞银行的相关贷款产品，而房东则可投资华瑞银行的理财产品。目前，华瑞银行极限 SDK 已覆盖租房、教育、出行、旅游、医疗、生活服务和企业服务各个领域，解决了普惠金融“最后一公里”的困局。

早在极限 SDK 设计之初，华瑞银行就已明确：只做金融机构该做的事，只为生态搭建桥梁，希望通过发挥金融行业在实体经济中的血管作用，将资金养分更好地输送到社会生态中更有需要的地方。

为打造互联网金融生态，2016 年 1 月华瑞银行还专门设立了互联网业务总部，全面践行互联网战略，并提出“1 + 1 + N”的智慧银行架构体系。其中：第一个“1”，指的是智慧银行的传统银行服务能力；第二个“1”，指的是智慧银行面向互联网的金融及非金融服务能力；“N”指的是智慧银行的多种创新模式服务能力。接下来，华瑞银行将借助云计算、大数据和物联网等技术，联合更多金融机构加入共享金融队伍，将极限 SDK 服务推向更多金融机构，从而实现金融与外部场景生态的全面对接服务，共同构建数字普惠金融新业态。

◎ 共享金融平台的特点

共享金融平台具有三大特点，如表6－1所示。

表6－1　共享金融平台的三大特点

事　项	内　　容
发挥平台经济功能	平台经济具有典型的正外部性和多归属性。正外部性意味着当越多的主体进入平台之中，共享金融平台对于参与各方实现共赢的价值越大；而多归属性表明共享金融平台能给消费者带来效用最大的多重选择，与传统金融相比，共享金融平台交易规则将会发生改变，由单方收益最大化转变为与实体经济共赢
互联网产业链金融共享重构	相较于传统产业链金融，互联网产业链金融的共享边界得到了进一步延伸，不仅着眼于以产业链的核心企业为依托，针对产业链的上下游各环节，设计个性化和定制化的金融服务产品，还为整个产业链上的所有企业提供综合金融服务，更重要的是互联网产业链金融关注产业链各环节，以及不同企业之间的金融资源共享和互助，进而构建出不同产业链金融服务生态圈，使得金融共享和互助成为互联网产业链金融的主线
“互联网＋”时代的产融结合	实体部门与金融资本利益存在分歧，在经济形势较好时，金融资本策略就会多放贷；在经济形势不好时，金融资本策略就会压缩贷款。而在“互联网＋”时代，金融机构或商业银行只能做大平台，让更多的人参与到平台中，进行直接的资源交换和金融交换。这就意味着，基于需求的金融产品，各种各样的多元化可以更加有效地配置

共享经济催生共享金融，共享金融来源于共享经济。共享金融“共享”的金融规模越大，共享金融就越广泛。所以说，只有倚重互联网业务的金融机构，通过共享平台实现金融共享，才可以更好地服务于小微企业，降低融资成本、提高服务效率，从而推动普惠金融发展。

第七章

定制化营销：新经济环境下的营销4.0

定制化营销是工业4.0时代的营销思路。定制化营销追求个性化定制，注重提升产品和服务质量，强调创新提供优质服务，关注售后服务细节，体现出了“以人为本”的商业宗旨。

工业 4.0 时代的营销思路：定制化营销

现代营销学之父菲利普·科特勒认为，从营销 1.0 到营销 3.0，相应的营销模式经历了机械制造时代、电气化及自动化时代和电子信息化时代，已经到了智能化和定制化生产时代。

的确，工业 4.0 的升级必然会促使竞争模式发生改变，而竞争模式的改变也必然会带来营销时代的改变。当全世界把目光都放在工业 4.0 的升级换代时，制造企业需要改变营销思路，从而与工业 4.0 时代接轨，以建立持续的客户开发模式以及差异化的竞争优势，实现盈利。

◎ 定制化营销及其特征

定制化营销是指在大规模生产的基础上，企业将市场细分到极限的程度。也就是说，在这种生产基础上，将每一位顾客都当作一个细分市场，再根据其个性的要求，专门单独设计、生产并快速交货的营销模式。

定制化营销的核心价值在于最大化创造与满足顾客需求，并且获得比规模化产品更高的利润作为回报。早在1993年，美国畅销书作家派恩就预测到大规模定制业务的兴起。随后没多久，很多传统的企业就开始实施定制化营销了。虽然它们的创意和运营各不相同，但唯一相同的地方是，它们都掌握了先进的互联网技术，来进行营销模式的创新。

一般来说，定制化营销包括四个特征，如表7－1所示。

表7－1　定制化营销的特征

事　项	内　　容
定制化营销重视与顾客的双向沟通	定制化营销强调与顾客的沟通，这种沟通不是单向的，而是以“双向信息交流”的方式进行的。通过双向沟通及信息反馈机制，可以克服传统市场营销的“单向信息交流”方式中营销者与顾客之间无法沟通的致命劣势，并能在企业与顾客之间形成互动，获得传统的营销调研活动所无法获取的信息
满足顾客个性化需求是产品生产的出发点	市场营销活动应该以消费者需求为出发点，同时以消费者需求的满足为归宿。也就是在定制化营销活动中，企业需要按照顾客的个性需求，为其提供量身定做的商品或服务
产品结构模块化、核心产品标准化	定制化营销要实现企业成本节省，顾客个性化需求满足的最佳状态，只能依靠产品结构的模块化、核心产品标准化，进行柔性化生产。柔性化生产是企业既满足消费者个性化需求，又能降低成本的一种有效的生产方法
定制化生产以大规模生产为基础	为了满足消费者个性化需求，定制化生产必然会带来企业成本的提高。要减少这些成本，企业必须将生产建立在大规模的基础之上，即把一系列具备高度特殊性的产品分解为可预先独立存在的模组。通过对不同模块的组合，为客户提供量身定做的商品或服务。因此，定制化营销并非适合于每一种产品或服务，企业必须根据产品特性等来选择自己的营销方式

◎ 定制消费下的消费心理分析

4.0时代，消费者越来越倾向于个性化的消费。而且，越是价格较为昂贵的时尚奢侈品，个性化消费的特点就越突出，因此定制消费就应运而生。消费者喜欢定制消费，不仅仅是喜欢所拥有的产品本身，同时也是消费个性化心理的体现。具体体现在四个方面，如表7－2所示。

表7－2 定制消费下的消费心理

消费心理	消费表现
随心所欲的心理实现	现在的消费者可以按照自己喜欢的方式来展现自我，而对于标准化和规模化的产品，一些消费者总会觉得有缺憾。因此，这些消费者更希望企业可以按照自己喜欢的方式，来设计和开发产品，目前这已成为当前的一种新消费需求。从很多领域的DIY设计开始，电脑、家居用品的DIY模式就是这种消费趋势的代表。而作为能够彰显消费者气质和审美情趣的标志产品，如珠宝首饰和其他奢侈品，定制自然也就成了满足消费者需求变化的方式之一。因此，商家能够按照消费者的要求来定制产品，是对消费者寻求个性梦想的一种实现，同时也是更好地将消费者个性元素融入时尚潮流的表现
求异是时尚核心要素	时尚是社会阶层之间进行区隔的标志。作为时尚主导者来说，求异是时尚的一个核心要素。从时尚的发展进程来看，最早的贵族消费就是以定制为主的，如几十万元的晚礼服、上百万元的顶级珠宝首饰。这些只被划归在上流阶层的定制服务，曾经一度使富贵豪门生活充满神秘感与奢侈性。而如今的时尚化、个性化，更把这项服务推至顶峰
稀有、独特的情感价值表达	为了防止奢侈品贬值，很多生产商通过为顾客量身定做产品、销售限量版制衣或推出非销售版手袋等策略来保持领先地位。对于消费者来说，稀有的数量、独特的设计和特别的纪念意义极具吸引力，这甚至超越了产品本身的价值。因此，定制版、限量版的产品常常会让一些消费者无法拒绝，这与人们希望收藏一

续表

消费心理	消费表现
稀有、独特的情感价值表达	个产品，并在未来传世的心理有关。同时，这也体现了消费者希望抬高身份，以及通过消费产品来体现自身特权的心理。或者说，这与人们的占有欲有紧密联系。在这些追随定制版或者限量版的消费者身上，我们能看到其独一无二的个性，对生活品质的追求以及满心狂热的态度
简单而时尚的生活方式	随着人们生活和消费水平的提高，定制服务已经不再是富豪和贵族的专属。而个性化的新一代和追求生活品质的消费者，已经成为定制化生活的主要消费群体。目前，对于更多消费者来说，定制成为一种简单而时尚的生活方式。特别是对于珠宝首饰这样极具个性化的商品来说，似乎没有比定制服务更好的选择了，因为消费者购买产品的时候，不仅需要美观，还希望能与服装和自己的个性相配。因此，定制本身也是特定消费族群的生活方式的表达

根据上述消费心理，企业营销势必要做到定制服务。只有定制服务的产品，才能够带给消费者情感满足。因此，定制化营销必须满足消费者个性化价值、参与价值、稀有价值和独占价值的需求。

互联网背景下定制化营销模式的成功策略

企业的营销职能已经不仅仅停留在满足市场需求上了，因为有时候在商品琳琅满目的花花世界中，消费者并不十分明确自己的需求是什么；有时候消费者有特殊的个性需求却得不到满足，只能委曲求全于大规模制造的标准产品。所以，未来企业营销的功能会升级为创造需求和引导需求。在这个层面上，“个性化定制”和“互联网”是两个极其重要的关键词。

◎ 互联网背景下的定制化营销策略

互联网技术的不断成熟与普及，为企业进行定制化营销提供了广阔的天地。如果说信息化是定制化营销的基础，那么营销策略则是定制业务成功的关键。对于做惯了传统营销的企业来说，定制化营销更提倡沟通的互动性和即时性，对营销策略的创意要求更高。具体包括三个方面，如表 7 – 3 所示。

表7-3　互联网背景下的定制化营销策略

策　略	含　义	案　例
引发消费者兴趣	实际上，并不是所有商品都可以定制，就像一些功能不强和文化内涵不高的产品是很难做到定制的，如纸巾、酱油、螺丝刀。因为这根本无法引发消费者定制的兴趣	2004年，玛氏糖果公司推出了M&M巧克力的定制业务，允许顾客通过网上选择巧克力颜色，且可以在糖果表面的一侧加上自己的口号，而另一侧则必须保留“m”的标志。这款巧克力的价格相当于普通产品的5倍，而且4包起订，要15个工作日才能到货。即便是这样，也无法阻止顾客们的喜爱热情。为此，玛氏在数周内增加了两条生产线。可以说，玛氏的成功就在于把普通的巧克力糖果变成个性化的零食、有情趣的聚会小点心、大型活动的宣传工具甚至是情人的礼物。这样说来，供不应求也就理所当然了
建立客户数据库	对于定制化营销来说，建立庞大、精准的客户数据库显得尤为重要，一来便于企业更有针对性地与顾客沟通，快速地处理订单；二来可以提高顾客的忠诚度，增加重复订单的概率，因为一旦顾客把资料存入了数据库，他们就有了再次消费的强大积极性	美国的休闲运动装品牌地极（Lands' End）公司设计了一系列用于计算人体尺寸的程序，顾客只要在网上提供自己身体每个部位的尺寸，地极公司的数据库马上会塑造出一个独特的体态模型，紧接着迅速生成订单，直接发往生产商制作衣服并快递给顾客。客户数据库可以涵盖顾客的年龄、性别、籍贯、家庭情况、体型数据、爱好等各方面的资料，对了解客户的行为习惯具有一定的研究价值。这就是为什么地极公司有40%以上的顾客都选择定制服装，尽管这要比标准尺寸贵20美元，因为除第一次购买需要提供详尽的尺寸之外，第二次下单则变得非常简单

续表

策 略	含 义	案 例
一对一精准沟通	传统企业大多通过调查问卷、亲身走访观察、焦点小组讨论、分析订单特点等方式做市场研究。然而，由于受环境、情绪等各种因素的影响，这些方法得出的结果并不十分精准，甚至导致答案失真。但是定制化营销则不同，企业必须把每一个消费者当作一个市场来研究，精确、详尽地了解其对产品的期望和要求，并通过一对一的精准沟通，将消费者所要的商品呈现在他眼前，从而极大地提升消费者的消费欲望	海尔在其网络商城推出了“我要我设计”的手机服务 DIY 大赛，让商城用户自行设计手机服务的组合，然后由网友投票来选出获奖者，奖品有上网本和海尔手机等。这是很好的定制化营销尝试，也是对传统营销模式很好的补充。通过这样的竞赛活动，不仅可以让消费者体验设计手机的愉悦，而且还能了解消费者对手机服务的需求和提高网络商城用户的黏性，可谓是一举多得

◎ 企业实施定制化营销模式的条件

定制化营销虽然“钱”途无量，但却不是任何企业都有能力去做的。因为定制业务对企业的信息化程度要求很高，尝试大规模的定制化营销至少需要企业具备三个条件：第一，在产品设计和品牌文化方面，企业要有一定的市场影响力；第二，企业要有数量庞大的配件或者配方组合，可供消费者选择体验，这将对企业的创新能力和基础实力提出更高的要求；第三，企业要有长远的战略眼光和规划。急功近利是做不了定制业务的，且满足单一的顾客需求是需要耐心的。

2005年，宝洁公司关闭了收购6年的Reflect. com网站。Reflect. com网站是个性化定制美容产品的电子商务平台，其被关闭后，宝洁公司损失了6000万美元。根据发言人所说的，在这个项目中，宝洁只是换回了一点定制化营销的经验。

行内人士分析后，得出了导致Reflect. com网站倒闭的原因：第一，宝洁对市场的分析不足，美国消费者更愿意在周末直接到沃尔玛或Target这样的超市大量采购小商品，如唇膏、香水等一起购买，而不愿意在这些小商品上花费大量的时间。显然，这不是大部分美国人的风格。第二，宝洁更想把学到的定制经验运用到自己的传统品牌中。之后，宝洁旗下彩妆品牌Cover Girl确实在定制化营销方面取得了很好的市场反应。

◎ 传统制造企业定制化营销的挑战

定制化营销对于传统制造企业而言，看似接近但却还有很长的路要走。而横隔在传统企业面前的，至少有四个挑战，如表7－4所示。

表7－4　传统制造企业定制化营销的挑战

事　项	内　　容
定制平台的搭建	在定制平台的搭建方面，企业需要既有专业技术又有创新能力的互联网人才。如从网站的整体设计，到产品的组合展现，以及顾客各个观看的角度，都要有一个很好的创意。如果没有好的创意，就提不起顾客的体验兴趣，那么定制的价值就不存在。所以，定制化营销首先要解决人才问题，定制平台是企业与消费者沟通的通道，也是吸引消费者消费的关键触点

续表

事 项	内 容
优化供应链管理	从采购、仓储，到生产和物流，企业如果不能做到高效管理，就无法快速处理顾客的订单，有时候甚至连顾客要求的颜色、材料都会弄错，而个性化定制也就无从谈起。因此，除专业的人才之外，建立高效的供应链信息系统至关重要，这不是一套简单的进销存软件可以解决的，企业需要智能化的管理运营能力，根据库存和订单情况，及时地告知采购什么原料、采购的数量、从哪里出库、由谁跟进等。显然，当下很多传统企业都无法做到这一点
互动营销	既然把每一个消费者都当作一个细分市场，那么企业一定要对市场的反应及时地做出回应，所以定制业务在营销方面最关键的就是“互动”。随着3G手机的普及，互联网有了移动性，各种互联网工具让每个消费者都成为信息的传播者，顾客的任何抱怨都可能成为潜在的企业危机。在这方面，戴尔是一个成功的先行者，其名为“第二人生”的个人数码产品定制网站，号称是当前最大的3D实景网络社区。在这里，注册用户可以参与戴尔产品的设计，并可以观看到生产、配送的整个过程。可见，让顾客深度地参与进来，是定制化营销成功的关键之一。当然，这需要企业更好地去运用社会化网络媒体
保证销售利润	定制化营销的核心在于产品设计和用户体验的创意，其他业务基本上都可以用外包的方式解决，这样才能做到快速生产、快速反应。个性化的产品有其独特性，所以价格会比标准化生产的产品贵，但是消费者乐意接受。实际上，定制业务是“零起点”营销、以销定产，企业的生产运营受客户的需求驱动，所以一定要保证低库存甚至零库存，从而保证经营的利润。在这个层面上，企业的资源整合能力就变得尤为重要了，供应商的甄选、生产商的监控和物流商的管理等，都需要企业有足够的魄力和能力去应对

总之，在互联网背景下，实施定制化营销将成为很多企业满足顾客需求和提高其竞争力的一种有效战略。

在互联网这个大背景下，定制化营销的时代正向我们走来。当消费者融入商品的研发、设计当中，他们不仅可以得到满意的产品，还会体验到消费的乐趣，而企业也可以获得更高的回报，甚至摆脱掉恶性的价格战竞争、脱离山寨的模仿。可以说，这是未来商业模式的最高境界。

定制化服务体系：服务即产品，产品即服务

定制化服务体系的两大支柱是产品和服务，其核心理念是产品质量第一、服务第一。将保证产品及服务的质量作为一种责任，简单来说，就是“服务即产品，产品即服务”。

◎ 服务即产品：服务替代了产品，满足用户的需求

在工业时代，消费者更关注的是“批量”，技术、功能和信息之间的壁垒，而企业也能凭借其独特的功能取胜。但随着以 BAT 为代表的信息时代的出现，“连接”取代“批量”，在这个信息大透明的时代，产品的功能已成了标配，而服务替代了产品，并满足用户的需求。

以洗衣机为例，产品本身对消费者并没用。也就是说，当新型省心、省时和省力的替代性服务出现时，洗衣机将变得不再重要，甚至可能被取代。因为对消费者而言，洗衣机只是媒介而不是目的。

与此同时，也可以说新消费人群的需求，催生了超市与餐厅新

场景的迁移与融合，通过独特的用户体验、社交媒体互动和精致的食物成功打动大城市的消费者。

比如，科技重新构思了人们的用餐方式，让智能＋餐饮的服务方式得到消费者的青睐。在意大利的一家餐厅，顾客可以像在超市一样挑选最新鲜的食材，然后让餐厅大厨直接将食材变成可食用的食物，也可以选择回家烹饪。同样是餐厅，旧金山的一家餐厅更青睐使用黑科技，点餐、付款和取餐全由客户来做，全程无服务员。用户直接在 iPad 中下单，然后用户的名字就会出现在一个透明的液晶屏框中。之后，消费者就可以在机器人餐柜中拿出食物。

另外，要注意：在新消费模式下，以用户为中心来打造产品，首先要清楚对象、需求和使用习惯，还要了解消费者所能承受的价格和显性、隐性需求。这就好比设计一款咖啡机，所用的材质、外观颜色都由用户说了算。其次是通过优先级的方法挖掘出产品的痛点，明白自身品牌所要传达的价值后再开始产品的设计，并通过轻制造环节，帮助合作伙伴节省时间、人力和物力。最后完成产品的硬结构化，并满足消费者的精神需求。

以往，人们认为消费者购买产品是商家与消费者关系的结束点；而未来，消费者购买产品的那一刻就会成为与商家开展良好关系的开端，且后续的交互体验才是重头戏，值得深究。

◎ 产品即服务：从卖产品转变为卖服务

产品即服务，就是从提供产品到提供服务，也是一种演进趋势。目前，已经有很多实体制造商都在遵从这种趋势了。其中，最典型的就是喜利得公司的案例。

为了摆脱价格战，喜利得这家专业的建筑工具生产商推出了一项名为“舰队管理”的服务。消费者不用再直接购买某一种工具，而是通过一份合同提供月度费用，获得一组工具的使用许可和维修服务。这样，喜利得就从卖产品转变为卖服务了。

我们再来看一个案例。

基于削减环境负面影响的动机，北美地毯制造商英特飞公司通过改变原材料的构成、来源、生产工艺、销售渠道和服务方式等，在集团内推动了一系列技术和生态商业变革。比如，收集旧渔网用作原材料，为客户提供方块地毯修补服务，让产品使用时间延长等，从而逐渐把传统“生产—销售—废弃”的线性模式改为“只租不卖”的循环模式。采用这种新模式以后，公司出售的不是产品，而是“产品的使用价值”。九年后的业绩数据表明，在实施这个循环模式后，公司的年净利润翻了一番，碳排放量降低了 82%，且全球运营成本节约了 4 亿美元。

可见，产品即服务有一种内在的魅力，其能够帮助企业实现一个愿景，同时产生可观的经济效益。正如著名职业经理人希瑟·阿什顿所说的那样：“制造商直接从产品销售中获得利润变得越来越困难了，他们转而发现可以从产品售后服务中找到更多的利润空间！这种大转变已经在领先企业中发生了，接下来几年这种变化将大规模地蔓延到整个制造产业。”

从上述案例可以看出，产品即服务主要针对销售全过程的服务。归纳一下，其包括四个环节的服务流程，如表 7-5 所示。

表7-5 产品即服务的销售全过程服务流程

事 项	内 容
售前咨询	了解和重视每位客户的不同需求，提供全面化和精细化的分析与咨询，从而帮助客户制定系统化和差异化的解决方案
售中系统化定制	提供产品定制、模块定制、功能定制等系统化的定制服务，为客户提供定制化的优质产品和服务
售中技术支持	为每位客户提供安装和调试服务，进行技术培训，保障每位客户都能充分理解和使用产品，让客户的投资得到最大的价值体现
售后服务	全方位、一对一以及贴近式服务，能随时随地解决使用中的任何问题，确保客户网络安全畅通

做定制产品售后，服务创新是关键

国务院办公厅印发的《关于加快发展生活性服务业促进消费结构升级的指导意见》（以下简称《指导意见》）提出了“坚持质量为本，提升品质水平”的基本原则，着重提出了要“提升服务质量水平”，要求营造全社会重视服务质量的良好氛围，打造“中国服务”品牌。这是我国推动生活性服务业发展的第一个全面的、系统的政策性文件，是适应人民群众消费升级需求、推动生活性服务业全面提升规模、品质和效益的总体部署。

也就是说，在定制产品售后服务过程中，企业必须了解客户心理，为其提供优质服务，且要通过不断创新，提升服务质量。

◎ 了解客户心理，提供优质服务

人的心理都是复杂的，即便是产品有一个很好的服务，他们也总是会认为服务离自己想要的还差一段距离。事实上，客户之所以会有这样的心理活动，对服务不满意，还是因为服务没有达到他们的期望值。在产生购买行为之前，作为消费群体，客户自身会对服务商有一个定位——客户眼中的服务商应该提供什么样的服务，当没有达到这个期望时，客户就会产生失望心理。

下面，我们以顺丰快递为例来说明。

顺丰速运因不间断地提供亲切和随时的领先服务，已经被大众消费者所接受。此外，顺丰快递的速度相当快。比如：会在1小时内完成客户预约下单；2小时内完成快件到达营业网点到上门派送，实现快件“今天收明天到”，为客户提供便利；推出“顺丰优选”，对生鲜、水果蔬菜可以进行物流配送，这是国内其他快递公司做不到的。

此外，顺丰速运还鼓励客户投诉，并从客户投诉中学习。如建立客户投诉表制度，对客户投诉的问题进行记录和分类，以便发现问题，解决问题。

当客户享受到的服务接近自己的期望值时，也就是所谓的满意度，那么客户就会对这样的服务感到满意；当超过客户的期望值时，客户对这样的服务绝对认可，客户会为这样的服务点赞。这，就是优质服务。

因此，企业应该首先要对自身的服务有一个定位，即我们提供什么样的服务。其次要对客户的期望值有一个定位，即客户认为的服务应该是什么样的。

◎ 服务的不断创新

不断创新才能迎接市场的挑战，否则会被市场淘汰。随着社会的进步，服务也同样需要不断创新，从而适应市场的环境，提高市场竞争力。新加坡航空公司之所以不怕被别人模仿，就是因为他们的服务在不断创新。当别人模仿成功他们的服务时，他们已经走在他们前面了。如乘客想要一份素食，但飞机上没有专门的素食配餐，这时候该怎么办？难道直接告诉乘客说不供应素餐吗？对此，新加坡航空公司的要求是：员工要灵活应对，想出解决方案，而不能只知道按照服务手册照本宣科。针对乘客的上述要求，员工可以把各种水果和蔬菜放在一个盘子里，让乘客尝试一下。

实际上，新航的这种做法，是服务界流行的管理理念——“关键时刻”的体现。“关键时刻”指的是顾客接触第一线员工的 15 秒钟。这短短的 15 秒钟，就决定了整个公司在顾客心中的形象。

“关键时刻”起源于航空业，一开始是在斯堪的那维亚航空公司（现北欧航空公司）得到运用。正是借助它，斯堪的那维亚航空公司才能连续二十年取得盈利的佳绩。

在有效实施“关键时刻”的理念之后，新加坡航空公司也取得了卓著的成就，还被民航业权威杂志《世界航空运输》授予“20 年国际民航卓越服务大奖”。

新航多年来孜孜以求创新服务，力争为乘客提供最好的服务。新航不仅有硬性的、制度化的集中创新模式，还有软性的、自发的、分布式的创新模式。可见，新航的核心竞争力是“低成本高效益的卓越服务”。

此外，像其他许多制造型公司一样，新航也有一个产品创新部。只不过，这个部门设计的产品是服务，而硬性的创新主要由产品创新部领导。产品创新部会利用各种信息来源获取新的创意，参与项目的大多是接触实际操作的员工，他们更了解什么样的服务方式更有效。比如，调查人们生活方式的潮流，对竞争对手进行分析，上网冲浪，召开会议等。软性的创新则由各个职能部门执行，不受框架的限制，是一个自发性的过程。

这种创新的模式，可以确保所有的职能部门都着眼于自身，不断改进服务。

从 Uber 看“私人定制”服务

定制服务逐渐成为服务业的主流，企业需要在实惠消费者和盈利之间找到一个平衡点。在私人定制服务方面，美国硅谷的科技公司 Uber（优步）就取得了令人瞩目的成绩。下面，我们就来看看他们是怎么做的。

◎ Uber 的“定制娱乐”服务

2016 年年初，Uber 在印度班加罗尔一个黑客马拉松大赛上宣布推出 Uber Trip Experience 开发者工具包，其能够通过第三方 APP 提供各种娱乐服务，帮助乘客在旅途中消磨时间。

车载娱乐系统基本无法满足乘客在车上消遣娱乐的需求，越来越多的公司希望通过手机建立起自己的娱乐生态系统，运用数据的力量为用户提供定制化的服务。于是，通过对用户的体验调查，就让 Uber 找到了吸引更多用户和增加用户黏性的方案。

这款 API 将向开发者提供各种数据，包括地点、上下车时间和目的地等信息。有了旅途信息，工具包所提供的服务内容就会根据路途的长短，为乘客进行定制化推送。而且，其还有一个贴心的服务——在启用通知功能之前，会事先征求乘客的允许。

比如：智能家居应用可以在距离到家5分钟的时候，提醒乘客预先将家中空调打开；当车程只有10分钟时，就只推送一些短新闻或者10分钟左右的音乐；而车程长时，会可以推送视频内容；根据路线，智能家居应用还会推送路边或目的地附近商家的广告和优惠信息等。当然，如果你只想望着窗外一掠而过的风景，也可以根据需要关掉应用的提醒信息。

据Uber称，这是自2015年3月第一次开放第三方API接口以来最大的一次内容更新。之前的功能可以使开发者在自己的应用里嵌入Uber，让用户可以直接通过第三方应用叫车，而不必重新打开Uber应用。此外，前不久Facebook还整合了Uber出租车服务，让用户在对话中就能预约Uber。

◎ Uber的“定制出行”服务

借由移动端的应用，Uber让全球数百万人感到不再需要一辆私家车，超级大都市的交通效率得到提升，城市交通更加便捷。自2009年成立以来，Uber迄今为止已经覆盖了全球61个国家近350座城市。可以说，Uber的诞生使得全世界的出行方式发生了根本的革新。

当然了，这都归功于Uber的“定制出行”服务，下面就列举几例Uber的服务创新。

2015 年 5 月，在第 68 届戛纳电影节上，Uber 借无人机接送业务再一次赚足了人气，博足了眼球。直升机业务主要是往来机场和戛纳电影节的主会场（影节宫）之间，这也是每一位来参展旅客的必经之路。两地在不堵车的情况下，走高速大约 40 分钟，但是电影节期间，小城戛纳和机场大约要接待 20 万远道而来的客人，拥堵状况不可避免，而乘坐直升机，只需要 7 分钟即可到达，价格大约在 180 美元，一次可乘 4 人。虽然换算成人民币还是有点贵，但据悉一般乘坐出租车往返于机场和戛纳影节宫，也需要约 121 美元。这样算下来，直升机只是贵了 59 美元而已。而对于远道而来参加电影节的名人来说，钱不是重点，霸气的出场方式才是重点。

对于这一次的尝试，Uber 不仅是通过这次活动盈利，而是想通过名人效应引发社交媒体的关注。

2016 年 11 月，Uber 为巴厘岛游客推出了一项全新的定制化功能。到巴厘岛的游客可以使用 UberTrip 服务，以非常实惠的价格预订 5 小时的汽车使用权，任其到岛内任何想去的地方。

对此，Uber 印度尼西亚公司发言人 Dian Safitri 表示，这是 Uber 公司首次尝试此类服务形式，巴厘岛也是第一个“试验地”。巴厘岛游客会选择 UberTrip 服务租赁汽车，租赁时长通常是半天或者一整天。实际上，UberTrip 服务的费用和 Uber 定价几乎一样，5 小时车辆使用费用大约为 22. 3 美元，其中包含了司机和油费，超时使用的话，每分钟收费 0. 07 美元。对于 Uber 传统业务模式来说，这是一次巨大的进步。之前，Uber 仅根据时间和旅行距离来收取乘客费用，且绝大多数都是单一目的地的市内交通服务。

2016年年底，Uber中国负责人在中国互联网产业年上表示：自进入中国以来，Uber取得了快速的发展。在互联网的高速发展下，共享经济的概念深入人心，而Uber就是要做共享经济的领导者。通过自身的创新和尝试，Uber要去搭建起开放、分享、共赢的移动互联网生态圈；为贯彻环保理念，用更少的车来解决更多人出行的问题。

此外，Uber还跟新能源车进行合作，帮助北京的用户能叫到电动车、新能源车。通过这种方式，Uber鼓励大家出门多乘坐新能源车，带动了新能源车的购买。Uber抓住了中国十八大之后对创新创业的鼓励，这种时间节点和政策走向的判断，显示了在与政府博弈过程中老辣的经验与眼光。

◎ Uber的“按需服务”模式

Uber所引发的基于地理位置信息为消费者提供按需服务的商业模式，吸引了全世界的目光。与此同时，一大批按需服务提供企业涌现了出来。有不少企业也采用了Uber这种模式，为消费者提供订餐、跑腿、叫车等日常生活服务。

在日常生活中，很多人都遇到过这样的烦恼：当你出门打的没有车的时候，就会给出租车公司打电话预约出租车，但是出租车公司只会跟你说，“我们已经派了一辆车到你那儿”，而不会告诉你到底还要多久才能到，至于你等10分钟还是等1小时，那就不是出租车公司可以控制的了。而Uber的Get Maid系统可以计算出客户服务到达的时间，让客户也省心。为了达到更好的服务效果，Get Maid

的所有家政员工都配备有智能手机，可以随时向系统反馈地理位置信息，就是为了给消费者提供更好、更快、更优质的服务。

实际上，Uber 这种模式是市场细分的结果。由于美国家政市场极不透明，消费者必须随时做好被宰的可能，而且家政类服务的安全性、透明度也存在一定猫腻。有一家家庭保洁服务公司 Get Maid 效仿 Uber 那种按需服务模式，采取固定收费模式，每小时收费 45 美元（约合 280 元人民币）；在清洁的过程中使用环保清洁剂；支持信用卡付款；全年无休。

不可否认，家政员工的质量参差不齐。网上很多人都说自己可以做好多工作，跑腿、代取快递、叫外卖、送货、代写作业等，但是“全而不精”，不专业的服务提供者也只能为消费者提供不完美的服务。

为了解决这种问题，大多数采取 Uber 运营模式的企业都引入了评级机制。优胜劣汰，是市场法则。消费者根据服务来对员工进行评分，好的员工会获得奖励，差评员工则会被淘汰出局。

当然，所有的企业肯定都想赚到钱，为了从服务中获取佣金，企业就会鼓励家政人员/出租车司机高效率地完成任务并开始下一个任务。与以往拖拖拉拉的家政服务相比，明码标价的清洁服务会促使员工快点儿干完活儿去下一家。

另外，几乎所有采用 Uber 模式的企业都面临一个巨大的问题：安全。拿 Get Maid 举例，如果保洁人员在你外出的时候做清扫，这就需要双方建立互信关系。Airbnb 改变了人们租房子的观念，而 Airbnb 的成功在很大程度上靠的是双方的信赖。如果说 Get Maid 给消费者带来了一次坏的使用体验，那么它在消费者心目中的名声就会被毁掉。所以说，保证消费者的安全至关重要。为了解决这样的问题，Airbnb 推出了损坏房屋包赔 100 万美元的承诺。

由于 Uber 模式中的服务提供方很多不是专业机构，所以消费者在使用服务前都会有些犯难。后来，Uber 推出了 10 美元代币券，Get Maid 则推出了“试清洁”，“先看货后交钱，只上一次当”这样的理念，能让消费者看到真实的服务，从而对其放松警惕。

从优家产品定制售后服务看专注细节

居家生活就是一个琐碎的拼图，其中有洗衣、做饭、买菜等，且每一个细节都关系到生活的品质。如果能有一个贴心的管家，为生活提供无微不至的服务，那必然是每个家庭的梦想。如今，这样的“管家”来了——海尔优家 APP 从产品定制到售后服务，从家电使用到衣食住行，方方面面，都能为用户精心打点。

◎ 优家的个性化生活服务

优家 APP 推出了家电定制、购买全流程可视化服务，只为满足追求个性化生活的用户。如果用户对家电有什么好的创意，希望家电有什么样的外观，具备什么功能，都可以通过众创汇板块，进行定制。不仅如此，家电从设计生产到制造完成，还能实时观看，每一个细节，用户及时掌握。

同时，优家 APP 为用户提供了家电生命周期全流程服务。太专业？简单来说，就是从用户想购买一款家电，怎么挑如何选，到这款家电“光荣退役”，海尔优家 APP 都会全程跟踪，并给予贴心服务。

◎ 优家售后服务专注细节

家电使用过程中，优家 APP 又能变身为用户的“家电管家”，实现家电管理和智能控制。只要将智能家电绑定到优家 APP，家电的全部信息就能随手掌握。如觉得天气热了，用户就可以让 APP 打开空调，且自动调节到合适的温度。此时，用户只需要对 APP 说“打开空调”，APP 就会根据用户的需求打开空调；空气不好，APP 会自动为用户打开净化器，根据污染程度决定风量大小。定制的生活，就是这么任性。

在保修上，优家 APP 为你提供准确的信息。只需用购买产品时预留的手机号码注册，登录后就能看到所购买的家电，且这些产品的保修期状态、维修记录一目了然。优家 APP，一个小小的动作，就彻底消除了用户申请保修的麻烦，保修也变得十分便捷。

在家电控制上，优家 APP 使操作简单化。优家 APP 从 1.0 版本升级为 2.0 版本，2.0 版本的优家 APP 增加了两大功能：全流程可视化和智能交互。家电控制越发简单，只需打开优家 APP，摇动手机即可激活“优家语音”，智能空调、净化器、空气盒子和冰箱等，随时等用户一声令下。跟其他的 APP 相比，优家 APP 省去了许多程序，操作简单，老人、小孩也会操作。

那么，家电使用中遇到小问题，又不值得找售后怎么办？打开优家 APP，通过 APP 的“对话”功能，就能获得 24 小时的在线服务。以往，打售后服务电话或者在网页上跟客服交流，受到工作时间限制，往往还要等待，找电话、找客服网页也费时间，有些烦琐。而如果跟优家 APP“对话”，它就能准确地领会你的意图，且会不厌其烦地回复你的各种疑问，直到你满意为止。

除了上面提及的围绕家电的服务功能，优家 APP 还会为用户精心打点生活。生活中的每一个细节，优家 APP 都为你想到了。打开优家 APP，在首页“优家生活”中，用户会看到活动汇、智慧空气、智慧用水、海贝商城、健康服务、智慧美食、衣物洗护和壶拉圈八个部分。生活中的各种需求，在这里都能得到满足。

第八章

他山之石：工业4.0时代工业定制的成功案例

在工业4.0的风潮下，一些制造企业大胆实践，展示了中国制造业升级的风采。本章介绍了沈阳机床、海尔、长虹、思贝克的成功实践，以供其他制造企业学习和借鉴。

沈阳机床：一个中国企业家的工业 4.0 故事

沈阳机床董事长关锡友被称为东北国有经济体系中的一位国企领军者。2012 年，他带领沈阳机床获得了产量世界第一的成绩，而他也被评选为“2012CCTV 年度经纪人物”。三年之后，继德国的“工业 4.0”和美国的“工业互联网”之后，中国提出了“制造业 2025”，关锡友也抓紧“时尚脉搏”，带着既定的使命上路，他和团队再一次吸引了人们的目光。在《经济观察报》推出的《东北觉醒》系列报道中，讲述了关锡友带领沈阳机床一路走来的风风雨雨。

循着这个系列报道提供的线索，我们来看看关锡友是怎么做的。

◎ 异类：非典型的国企领导人

在关锡友的记忆中，女儿一年级时的一次错误让他记忆犹新：那是 20 世纪 80 年代末期，整个东北依然在计划经济的轨道中运行。女儿为了买学校提供的牛奶偷偷拿了自己 200 元钱，据说买学校的牛奶可以获得象征荣誉的小红花。对此，他很愤怒。冷静下来后，他觉得这不是孩子的错误，而是学校体制的问题。垄断且僵化的制度让人厌烦，而自己却无力改变。当然，牛奶和小红花的故事并没有妨碍关锡友与国有经济体制保持共生关系。

在大众眼里，关锡友穿上西装会让他显得有点拘谨，一板一眼的发言也不是他的风格，还有他那极富个性的发型，往后梳起的头发中间有一绺像是染白的头发，与国有企业领导人的严肃外表相比，看上去比较时髦。

关锡友在同济大学毕业后，进入沈阳机床厂，成为“工人阶级”的一员。20 世纪 90 年代，是中国国有经济改革的初始时代，“放开”“搞活”的词汇频繁出现在官方的文件上。相较于新世纪十年的备受批评，这十年，恰恰是改变思维最为活跃的年代。

在这十年间，关锡友没有改变穿着工服上班的习惯，直到他成为沈阳机床名义上的最高领导人，他也没有改变。在主掌沈阳机床的第一年，他就开始尝试打碎曾让他愤怒的“小红花”，挥刀砍掉了所有非主营业务，专心做机床。虽然有一些特殊群体的掣肘，但他没有在意他们，甚至把那些“卖牛奶的官员”赶到了幕后，把公司营销人员放到最前面，且让每一个阶层的人都获得相应的自主权，这种组织架构被称为“倒金字塔结构”。

显然，这是一次极大的冒险。在中国庞大的国有体系中，严格的层级管理和权力体系是不可动摇的常态，行政级别制约人们思考问题的方式。调整确实起到了一些效果。2012 年，沈阳机床的年产量达到世界第一。也就是在那一年，中国经济迎来衰退之前的最后繁荣时光。

在公开场合，关锡友评价彼时的决策时说道："我不相信，连主业都做不好的企业，可以做好副业。"但私下里他承认，那时候沈阳机床深陷亏损泥潭，甚至官方的领导人都这么看待这个企业，"死马当活马医吧"。

而在惯常的思路里，国有企业发展需要多少钱，要找政府资金支持。关锡友却拒绝做这种事，理由是："我想要的钱，政府不一定给得起，我在资本市场上就可以融到，前提是放开企业的手脚，同意我这么干。"

此外，东北被称为中国工业的长子，很多和关锡友差不多年纪的企业家正在领导这块土地上的国有企业。但这块领域很少被带有行政级别的企业家公开，外界对他们的了解知之甚少。

◎ 冒险：创新商业模式

关于东北经济失速，有不少人都想问关锡友一个同样的问题：东北到底怎么了？那些沉重的机器还有救吗？关锡友会给出一个乐观的答案，尽管他对这个答案是否成立也有疑虑，但过去五年的冒险给了他一些信心。

那是在2007年的时候，沈阳机床接到了一个任务，是让沈阳机床在生产机床的基础上，研究数控系统，实现硬件和软件的统一。关锡友是这个任务团队的负责人，他一个出乎意料的举动，让企业内部的体制上"外挂"了创新团队。在选择研发团队的时候，他跑到上海，找了一个大学的讲师主导这项工程。这位讲师，就是现在沈阳机床 i5 智能机床的技术总监朱志浩。

经过长达五年的研发和 11 亿元的直接投入，i5 智能机床成功了。接下来，关锡友要做的就是找到一个好的商业模式，将这些智能机床送进全国生产企业的车间里面去。

可以说，是中国制造业的升级给了关锡友机会。关锡友决定在工业制造领域尝试这样的模式以后，便举起了“分享经济”的大旗，决定让众多厂商零成本使用这款机床。后来，沈阳机床通过融资租赁的方式，把机床交给企业，企业可以选择按小时或者使用付费。如果没有使用或者创造价值，可以不用付费。

关锡友的态度非常坚决，他告诉来访的客商：“你们愿意给多少钱都行，你们说了算！”对方以为他在开玩笑：“1 块钱你卖吗？”

关锡友一本正经地说：“卖！1 块钱给我，机床你们拉走。”当时，他有一种大胆的设想是，如果未来能将近 10 万台分布在各地的 i5 智能机通过网络连接在一起，那么在任何一个地方下单，都可以实现异地即时生产，这相当于建造了一个社会化的工厂，并且能提高整个社会资源的利用效率。

紧接着，关锡友就从互联网那里学到了一些技能，还设计了一个略显冗长的商业模式，包括“研发技术产品、产品变成资产、资产变成服务和服务变成金融”。在这个模式中，资本发挥出了更加重要的作用。

这是关锡友带给东北企业觉醒的一些启发，好在国家层面的动作支持了这次冒险。如今，国企改革顶层设计方案已经获国务院正式通过。

◎ 闯关：冲破体制天花板

在出产小品和二人转艺术的东北，“大忽悠”并不是一个褒义词。批评者质疑的理由有两个：第一，这台机床的智能化程度是否如所说的一样高，特别是精度和稳定度方面；第二，关锡友所设想的 10 万台机床互联，变成社会化生产进而实现个性化生产的模式是否能够实现。

在当时，没有多少人相信关锡友，至少 80% 的沈阳机床员工不相信集团里会出一个爱迪生 · 关。关锡友在私下承认，如果不是因为所担任的董事长的身份和天性中存在的“使命感”，他所领导的智能 i5 机床的研发可能早就终止了。

关锡友的话，绝对是出于真心的，有一些案例可以为他辩护。

宁波惠丰总经理邵黎明曾对 i5 的精度抱持怀疑的态度，在试用 i5 机床时，他亲自“操刀”，连续加工了 100 个零件，反复比较、测试，确认加工精度小于 5 微米。随后，他一口气买了 32 台，他告诉来访者，“谁要不信，就上我车间来看，超过 5 微米，来回路费我全给报销”。

还有一位来自北大的行业教授专门调研过 i5 的市场情况，还曾在深圳的一家工厂里给关锡友发短信说：i5 智能机床是非常有希望的，但现在的问题是，产品供不应求，无法满足市场需求，这是企业竞争之大忌，你要多加关注。

虽然他们的肯定，给关锡友打了一剂镇定剂，但他在乎的不仅仅是这些，直觉给他一种恐慌，可能属于他的时代也仅有几年了。

后来，他开始研究产业生命周期并设计了一个工业图谱，他想的是，至少在2020年到来的时候，中国制造在工业互联网方面应该有长足的进步。具体到被称为“工业母机”的机床行业，他要做的是建成一个智能云平台并对外开放研发系统，这个由数字组成的虚拟世界是未来新工业经济的核心。这个设想建立在他对商业经济发展的理解之上。他认为，现在企业是沿着工厂—公司—企业三个阶段发展的。工厂负责制造产品，公司强调治理结构，而现代企业是一种创新发展形势，可以组织更多的社会资源并形成新的分工。

中国在1992年推行公司制改革，那一年是国有企业改革的初始阶段，官方开始推行公司治理和股份制改革，借以激活僵化的国有经济。关锡友承认，尽管经过多年的发展，沈阳机床依然处于制造产品的工厂阶段。而这一次，是中国制造的大闯关。关锡友带着一种紧迫感，他说：“谁慢了，谁就会永久沦为工厂。”

在一次政府组织的座谈会上，关锡友抛出了他的理论：“未来20年内，财富创造主要在工业领域，而东北就是重要的工业基地，这是东北振兴的基础，但东北的机器是死的，没有智慧，缺少软件和系统。”

此外，他还告诉在座的政府官员：“东北要想突围，必须走工业互联网这条道路，给机器装上大脑和智慧，东北的装备制造业可以为这条道路提供基础。”

鉴于东北经济的失速，给国企放权的呼声再次响起，互联网式的创新需要打破条条框框的限制，也需要规避现有制度可能带来的潜在风险。即使是最反对关锡友的人也同意了，因为这或许是东北的唯一出路了。

在随后的日子里，改进国企治理，引入更多的职业经理人或者赏金猎人也被广泛讨论，人们开始相信，像关锡友这样的非典型案例会越来越多，且希望能看到更多的创新，或是从关锡友这里得到一些启发。

而对于关锡友来说，他也不清楚自己什么时候才能退休，或者还能再干多少年，但他至今还记得2002年参加芝加哥展览会时一段刻骨铭心的经历。在当时，他找遍参展的大厅，也没有发现沈阳机床集团的展位。最终，工作人员将他领到了昏暗的地下室，那里门可罗雀，一条大红绸子映入眼帘，上面用别针别着一行字——中国最大的机床厂。

后来，关锡友掷地有声地说：“这种事情绝不能再发生第二次了！”

海尔：互联工厂化的家电定制解决方案

通过多年在全球各大洲市场的深耕，海尔公司累积了丰富的产品设计经验。为了满足互联网时代用户个性化体验的需求，海尔公司将定制需求、定制内容、定制下单、订单确定、模块定制、装配、物流、使用交互等各个关键环节，实现标准化、自动化、智能化和可视化。

从 2012 年开始，海尔就投资建设第一家互联工厂。到现在，海尔公司已陆续建成了沈阳冰箱、郑州空调、佛山洗衣机、青岛热水器等 7 家互联工厂，并且更多的互联工厂还在建设中。

◎ 海尔互联工厂颠覆传统制造体系

海尔提出的互联工厂，不是一个工厂的概念，而是一个生态系统，是对整个企业全系统全流程进行颠覆。互联工厂模式集中体现了《中国制造 2025》中商业模式和制造模式的变革实践。

对于互联工厂的转型，海尔集团相关负责人这样诠释：“颠覆传统的制造体系，由大规模制造转型为大规模定制，用户个性化需求汇聚，互联工厂通过大数据实现大规模定制、个性化生产，也就是物联网，通过人、机、物的互联互通，满足用户个性化需求。”也就是说，整个互联工厂要打造出一个生态系统，在这个平台上具体承接落地的，海尔称之为三大平台：用户交互定制平台；开放创新平台；智能制造平台，包括智慧化生产和智慧物流。

互联工厂生态系统具有三方面的能力：一是能够实现用户全流程的实时互联。也就是全球的用户随时随地可以通过移动终端，来定制自己所需要的个性化产品，全流程地参与设计、制造。二是要达到用户和工厂的零距离。用户的个性化订单，可以直接下达到海尔全球的供应链工厂，这样就可以减少生产和订单处理的中间环节，把中间这部分价值让渡给用户。工厂的物料通过智能互联、柔性生产产出定制的产品，直接配送给用户。三是全流程透明可视。订单生产及配送情况，可以实时地推送给用户，用户也可以实时地快速查询，通过产品的识别和跟踪，从而实现用户从定制的订单到工厂的生产，再到物流的任何一个环节都能实时可视。

当然，互联工厂的前提条件就是企业组织的转型，由传统企业组织要变成一个平台型的企业。在这个过程中，海尔也从原来封闭的正三角组织，领导指挥控制，转型为员工直接面对用户，为用户创造价值，企业变成一个平台。

如从整个供应链，包括生产、制造、物流、采购等各环节都已转型，由传统串联的部门组织变成了面向用户的一个个小微。这些小微和用户小微是并联的，如果用户小微不能创造用户价值，那么这些采购小微或者制造小微也就没有价值。

具体来说，首先，要实现机制颠覆。机制颠覆主要体现为用户付薪。以用户为中心，各方基于不同的市场目标结成小微，风险共担，超利共享，共同创造用户需求；只有创造出用户价值才能分享，否则就要退出或者优化。其次，要实现流程颠覆。海尔的流程由原来传统企业 ERP 管控下的串联模式变成了并联的开放企业生态圈。原来用户的需求、体验信息等是通过串联的组织一步步传递的，这样传递周期长，还易造成扯皮的现象。而现在，实时用户的信息可以同步传递到海尔的设计资源、供应商资源、物流资源以及全流程的小微，大家可以事先参与交互，通过提供引领的解决方案，实现各方利益的最大化。最后，必备的技术体系。在能力构建上，互联工厂的技术体系是必要条件，海尔积极构建互联工厂核心能力，并建立了行业领先技术体系，涵盖全流程。标准化和精益化是其制造的基础。

在围绕用户需求上，海尔进一步探索了模块化、自动化、数字化和智能化的发展路径。模块化探索成效已显现：一方面，实现供应链体系的简化优化，供方由零件商变为模块商，提供模块解决方案；另一方面，实现了生产方式变革，由零件组装变为标准接口条件的模块布局和组装。同时，模块化和其支持下的自动化使用户个性化定制得以实施。

目前，海尔官方商城已经推出了空调、洗衣机、厨电和冰箱定制专区。用户在定制平台上选择自己的个性化需求之后，互联工厂的制造系统就会自动排产，生产个性家电。与此同时，海尔还将这一过程进行可视化，用户可以通过手机等随时查看生产进度、工位负责人、工序或是预计完成时间等，真正成为产品的设计者和生产的监督者。

◎ 海尔互联工厂的家电定制解决方案

过去，企业通过搜集用户数据和需求反馈来设计产品，再经过用户选择后投入量产。在借助互联网时代的优势后，海尔为用户提供了最大限度的选择空间，让其根据自己的喜好来选择产品。这种"家电定制解决方案"，在真正意义上实现了企业与用户之间的零距离交互，做到为用户个性化需求倾力服务。

通过互联交互，海尔收集用户碎片化的需求，寻找个性化订单，解决了大规模生产和私人定制之间的矛盾。具体措施如下：

第一，现场"模块化"定制个性空调。在胶州互联工厂的生产线上，"排队"等待组装的空调外壳颜色各异，它们的"队列"也毫无章法。这些正在生产线上组装的空调来自用户的个性化订单，每一台都是用户在网络端口根据自身的喜好和实际需求定制生产的空调。

按照海尔目前的模式，消费者只需要点点鼠标就能定制属于自己的电器。这种做法，对于传统企业来说是一个很大的挑战，一条生产线大约要生产上百种型号的空调，不按照批次生产，传统企业根本无法运转。

那么，互联工厂如何做到？

举例来说，一台互联空调从下单到下线，最快 2 个小时完成，而这样的定制速度是在整合上游供应链、让零部件实现模块化的基础上完成的，且这些模块是海尔从大规模制造向大规模互联定制转型的制造业基础。比如，一对即将步入婚姻的情侣，要求空调上盖模块上以婚纱照作为图案。一年后，家里添了新成员，想把图案换成宝宝照片。在这个过程中，不需要他们更换空调，只要把上盖模块单独升级即可。这，就是模块化智造功能的应用。

第二，定制全程互联打造用户体验。当用户在网上下单，订单就会在海尔的平台上反馈到离送货地最近的工厂。在互联工厂的生产线上，有成千上万的传感器。通过这些传感器，不仅工厂的所有设备都可以相互对话，还实现了设备与产品、与用户的互联互通。用户的信息随时可以到达现场的每一个操作工位，每一个操作工能够随时了解用户的反馈。这便是颠覆传统生产模式的互联工厂。

在可视互联方面，当用户下单后，他们可以根据订单实时看到自己定制的产品行进到什么阶段，并能在第一时间与研发人员进行交互，从而最大化地保证自己的消费体验。在海尔人看来，可视互联让互联工厂具备了人性化特征，让以往冷冷的机械和人的生产车间，变成了一个有“温度”的暖心朋友。

第三，转型工厂员工升级为“小微”。“互联网＋”思维颠覆了海尔的生产模式。传统以工厂为中心的大规模生产不适应时代的要求，现在要以用户为中心，让用户的个性化需求来指导设计和生产。这些年，海尔也从之前的自产自销转型为产销结合。

目前，海尔在全球有59个工厂，7个互联工厂。当海尔的工厂从传统制造转向互联智造，从实质上看，其是引领了一场家电行业产业链的智造变革。

长虹：为用户家电精心打造个性化定制解决方案

当今社会，80 后、90 后逐渐成为消费主力，家电企业面对的是一群崇尚个性、渴望与众不同的年轻人，如何打破旧观念和引领消费潮流，是当下家电企业亟须解决的问题。

在这一点上，长虹及时调整战略，积极融入互联网的目标，根据工业 4.0 的特点，以消费者为中心推出个性化定制服务，让用户体验与以往的平淡无奇的感觉截然不同。比如，用户可以随心所欲地选择外观、功能等参数，真正成为产品的主人。

◎ 拥抱工业 4.0 实现个性化定制

2014 年，中国家电行业呈现多种新趋势，其中与消费者关系最密切的，就是家电产品的“私人定制”。2014 年年初，长虹发布 CHiQ 电视时，个性化定制就是研发项目中的子项目。也就是说，在当时长虹的生产线已经具备了制造“定制家电”的能力，如可以定制的参数——外观、软件、硬件和服务四大领域。

长虹推动个性化定制的目标，是打破桎梏，为消费者打造舒心、舒适而且与众不同的生活。比如电视的 Logo 一般是长虹标志，那么用户会说我不要长虹标志，用儿子、女儿名字可以吗？开机画面，用全家福可不可以？长虹的回答是：可以。再比如配置，用户需要增加一些硬件服务、软件服务和售后服务，这是否可以。长虹的回答是：可以。在个性化定制上，长虹给予用户极大的权力，让其可以自由选择喜欢的定制内容。

◎ 打造“透明工厂”参与深度定制

为了应对整个供应链的压力，长虹的响应速度非常快，从消费者下单起，企业内部的信息化系统要全部改变，跟着消费者订单贯穿始终。同时还要提升制造效率，以及对供应商的管控能力、采购周期、零部件制造、组装等，包括信息化的贯穿能力。

在长虹个性化定制的过程中，消费者将会体验到一种前所未有的参与定制、深度定制。因为长虹将打造一座完全透明的工厂，让消费者了解整个定制化的生产过程。就像在网上买东西一样，它把重要节点全部向你推送。比如用户定制的空调是白色的，长虹会通知你，面框做好了，材料采购回来了，什么时候组装好，几天后能发货到家。这个制造过程对消费者而言，就相当于看到了工厂的内部一样。

这样的改变，让长虹贴近了工业 4.0。而个性化定制，未来将成为长虹的核心业务。

◎ 随心所欲个性定制但价格依然不变

不少消费者会担心：“个性化定制是不是要付出一些额外的费用?”对此，长虹的回答是：“NO。”长虹规划的工业4.0，是实现高度个性化的产品升级制造，但成本相当于大机器生产的成本，并不昂贵。这也意味着，大生产可以用新的方式进行，越来越多的低价值生产的产业方式会与高技术进行混合，可以用同一个工厂来生产越来越多不同的产品。长虹家电甚至可以像买电脑那样“攒”起来，根据不同的配置来定制，实现个性定制的随心所欲。

在工业4.0时代，长虹将用最先进的智能制造平台，打造出最自由无度的个性化家电产品。

思贝克：智能化赋能平台助力，打造中国工业新生态

中国互联网百强、国家级电子商务示范企业——深圳思贝克集团，运用“工业+互联网+金融”的经营理念，构建了基于实业基础的集产品、工业设计、技术、服务、仓储、配送、销售、金融支持为一体的运营支持体系，打造出了在工业品领域的全新应用的工业品创新共享平台——O2O电子商务云平台，重塑了工业品产业链，降低了运营成本，实现了资源社会化共享和整个产业链的增值，为合作伙伴提供了低风险、少投入、单渠道多产品的合作平台，为终端使用客户创造品质、服务、效率、成本等多重保障利益与使用价值，也为工业智慧定制实现提供了一个综合平台。

思贝克工业品平台成立以来，在重塑新型工业品生态体系上下足功夫，创造出更多可分配的价值空间。通过思贝克工业品交易平台产生的资金流、信息流、物流、票据流四流合一的闭环大数据，使金融机构的资金进入实体经济有了安全保障，也使工业智能化定制化有了有效的载体。

思贝克模式很好地实现了信息化和工业化的充分融合，解决了工业与金融领域的采购难、采购贵、融资难和融资贵的痛点。也因此，思贝克平台获得市场的认可，每年的营收也实现了爆炸式增长，2014 年直营开票交易额 100 多万；2015 年为 5.6 亿；2016 年实现了惊人的 137.3 亿；2017 年上半年直营开票交易额就轻松突破 200 亿，让市场感受到一个产业互联网领域的"阿里巴巴"正在悄然形成。

◎ 电商平台：工业领域的前卫尝试

思贝克工业品平台以 O2O 电子商务运营为载体，建立产品、工业设计、技术、服务、仓储、配送、金融服务、运营为一体的工业品平台，创造从品质、成本、效率、服务等全方位的多重价值与保障，旨在引领工业品领域的数字金融云时代。

2013 年 12 月 12 日，思贝克工业品官方商城在"双十二"这个特殊的日子里悄然上线。作为全新商业模式的核心载体，思贝克工业品商城的上线，标志着思贝克工业品平台从前期的市场拓展正式进入到了实际的工业品销售及价值赋能阶段，平台各方——上游供应企业、终端采购企业、线下合作伙伴、金融机构，通过思贝克商城真正建立起了联结，实现全方位的信息与资源的共享。

思贝克工业品商城优势明显：正品低价，为广大客户提供最具有性价比的商品；保障产品品质，采购更加放心；本地贴身服务，随时随地让服务更加完善；电商效率高效直达，实现 B2B 的直接交易，极大地减少了原有多层级分销成本，并使供采双方实现了信息充分对称；通过闭环交易大数据的应用，进行金融产品创新，使资金真正安全精准地进入中小企业，多种账期结算，支持赊销账期结算，使用更加方便。

◎ 创新模式：摒弃分销，成就拓展服务商

目前，思贝克已经为工业润滑、金属加工、车间化学及材料、机械部件、测量工具、机器人、通信制造等多个制造行业中的工业企业提供工业品销售、采购服务与供应链金融服务。

在互联网交易平台出现之前，现在的工业行业经营模式基本都是供应商与贸易商进行工业品的销售。从原厂到一、二、三级代理商，每一步都要增加一定成本，最终到终端采购客户这里，产品的价格已经比出厂价高出了非常多。而思贝克商城的一大优势在于，它摒弃了分销商的传统模式，与原厂直接合作，省去了中间的成本递增，以出厂价采购到所需要的商品。

此外，思贝克坚持走本地化服务的道路，在让客户享受线上低价正品的同时，本地的拓展服务商与支持中心也能够提供本地化一对一服务，随时随地为客户提供更贴心、更高效的线下全程服务，让每一位客户在采购之后都没有后顾之忧；思贝克将工业品销售成本降到最低，这对终端应用商而言自然是一件好事。同时，这一模式也吸引了更多拓展服务商。思贝克让利于合作伙伴，聚集了一大批拥有众多资源和渠道的拓展服务商。思贝克商城不是采用层层经销的模式，而是建立了只有一个层级的拓展服务商。在为本地化服务提供支持的同时，每一位拓展服务商更是可以在本地挖掘大批工业企业，从而打造辐射式覆盖，大到一线城市，小到一个小县城，都能吸引到思贝克商城。如此大范围的拓展，让思贝克商城业务覆盖全国。

与此同时，拓展服务商只需要准备 10 万元保证金，即可获得线上 300 万产品的销售合作权，完全不用担心库存和仓储，这根本就是低成本的加盟创业。

◎ 重塑工业供应链模式：为供应商及客户提供更多的价值赋能

作为一家 O2O 的工业品电商平台，思贝克有别于其他模式。按照思贝克的思路，每一家工业产品供应商都是自己的客户。重塑供应商模式后，企业在思贝克商城上销售产品，不用缴纳任何费用，却可以享用思贝克旗下 50000 个销售渠道。比如，面对我国机器人产业发展得如火如荼，思贝克有了更多的谋划。无论是机器人相关零部件和零配件厂商，还是本体厂商，只要和思贝克联手合作，产品上线思贝克商城，就瞬间拥有了覆盖全国的销售渠道和服务商网络。此外，采购商只要上思贝克平台采购，不但可消除原来采购不到正品的烦恼，而且价格优惠，能与供应商直接建立信息沟通渠道。更重要的是，在思贝克平台还可以低成本、快捷地融资，让企业生产有了源源不断的动力。

总的来说，思贝克的创新之处在于，他们没有把赚取产品差价作为盈利点，而是着眼于为供应商及客户提供更多的价值赋能，包括信用等级、融资贷款、金融租赁、工业设计、集中采购、打样试销、下单生产等，从而使工业定制化、智能化通过思贝克平台就能实现。且能让海量的供应商及客户在思贝克商城不断成就交易，通过大量的数据分析可得知供应商及客户的信誉度等各种需求，从而打造更适合的金融、定制化和智能化等增值服务。

参考资料

1. 陈湘钿．有个世界在变绿．科学出版社，2012.

2. ［美］B. 约瑟夫·派恩．操云甫等译．大规模定制：企业竞争的新前沿．中国人民大学出版社，2000.

3. ［美］克里斯·安德森．乔江涛，石晓燕译．长尾理论．中信出版社，2012.

4. ［英］卡萝塔·佩蕾丝．田方萌等译．技术革命与金融资本．中国人民大学出版社，2007.

5. 其他来源：网络最新资讯。